特集

「浜松・遠州のうまいもん。」

海の幸、山の幸に恵まれた浜松・遠州地域は、
まちの数だけうまいもんがあるのかも？
なんて思ってしまうほど
どこに行っても、「うまいっ！」があふれて、
さあ、今日の気分にジャストな店はどこだろう。
食いしん坊のアンテナを張り巡らせて、
いざ、出発！

CONTENTS

浜松・遠州のうまいもん。

アイコンの表示

 クレジットカード利用可

●本誌掲載記事は2020年11月1日現在のものです。
営業日・時間・価格・料理など、内容に変更があった場合はご了承ください。
●記載されている定休日に年末年始や夏期休暇は含まれていません。
●消費税込の価格表示です。

浜名湖 遠州灘 うまいもん

浜名湖名物うなぎをはじめ、すっぽん、クルマエビに牡蠣。カツオもあれば、シラスや金目鯛、天然とらふぐなどなど。浜名湖あり、遠州灘ありの浜松・遠州地域は魚介との距離が近い分、ピッチピチの獲れたてが味わえる絶好の場所。豊かな海や湖が育んだ恵みを地元の料理人たちが最高においしい状態で、また食べ方で、楽しませてくれます。地元の魚は地元で食べてこそ！といわれる理由は素材の力だけでなく、その素材のことをよーく知る料理人たちの力でもあるわけですね。「うわっ、おいしそう」「なんだか無性に魚が食べたくなっちゃった」。ページをめくるたびに、そう思わせる逸品たちを、とくとご覧あれ！

「上重」吸物、自家製漬物、日替デザート付き。5500円

うなぎ

甘辛のタレが決め手の伝統を継ぐ極上うなぎ

創業明治40年、名実ともに浜松屈指のうなぎ料理店。国産、浜名湖産にこだわった良質のうなぎに100年以上進化を続ける職人技が交わった蒲焼きは、連日行列が絶えないのもうなずける味だ。備長炭で焼き上げたパリッと香ばしい皮とふんわり肉厚の身がバランス良く口内で融合し、甘辛の秘伝のタレがより深みのある味わいへと引き上げていく。定番の丼や重のほか、ご飯と蒲焼きが別々の器で登場する「かさね」、うなぎ本来の味わいを楽しむ白焼きも人気だ。

1.加熱式容器でいつでも熱々を楽しめる「特選うなぎ弁当」3500円～　2.5代続く老舗の味を求め、県内外からファンが訪れる　3.行列必至なので、時間に余裕を持って来店を

お店から一言

「白焼き」や「きも焼き」など一品料理も充実しています。贈答にはお持ち帰り用の蒲焼き（全国発送可）をどうぞ（店主・渥美さん）

うなぎ料理　**あつみ**

浜松市中区　map：P74 F-5

☎053-455-1460
浜松市中区千歳町70
11：30～13：40LO
17：15～19：30LO
※売り切れ次第終了
テーブル11席、座敷24席
火・水曜休
※平日のみ予約可

ぜいたくにうなぎが１匹分「うな重（中）」3780円

創業１０１年、タレ付け３回で守る味と色艶

創業１０１年を誇り、うなぎ専門店としては開業して約70年の歴史を持つ。まじめな仕事ぶりに地元はもちろん、全国からリピーターが後を絶たない。季節に合った上質のうなぎを仕入れ、その日提供する分だけさばく。タレ付けは3回。伝統のタレをまとったうなぎは備長炭で丁寧に焼き上げられて艶やかに仕上がる。大きな釜で炊き上げられたご飯と照りの美しいうなぎからは〝ご馳走感〟が漂い、一口頬張るとまろやかな味わいに心がほぐれる。

お店から一言

さばき、串、焼き…伝統の技を磨き、お客様の笑顔のために努力して参ります。ごゆっくりお過ごしください（袴田さん）

かねりん

浜松市西区 map：P71 B-2

☎053-448-9335
浜松市西区入野町731
11：00～13：45LO
17：00～20：00LO
※混雑状況によりLOが早まる場合あり
テーブル20席、カウンター7席
座敷34席
水曜、第3火曜休
P30台

1.うなぎとミョウガの対比が見事な「うざく」880円　2.中庭を囲むように作られたモダンな店内は四季折々の景色が美しい　3.愛らしい信楽焼のタヌキがやさしく出迎えてくれる

食べ応え満点の「うな重(上)」4700円

選び抜いた肉厚うなぎを頬張るぜいたくさ

大きさも太さも文句なしに育ったうなぎのみを選別して仕入れるのが絶対のこだわり。そのうなぎを関西風に炭火で火を通すのが腕の見せ所。オリジナルのタレに2度、3度と漬け込みながら皮をパリッと仕上げる。肉厚な見た目とは裏腹に、身はとろけるような柔らかさであっという間に食べ終えてしまうと評判。また、白焼きはうなぎ本来の味が際立つ一品。炭火ならではの豊かな香り、ワサビ醤油のキレのあるうま味とともに、大人の一皿を堪能しよう。

お店から一言

お子さん連れには座敷、ビジネスの方には個室、お一人様には4名卓などゆったりした席でおくつろぎください(店長・田中さん)

炭焼うなぎの専門店 うな吉

うなきち

浜松市北区 map:P73 C-1

☎053-437-0549
浜松市北区三方原町2142-9
11:00～14:00(13:45LO)
17:00～20:00(19:45LO)
※昼夜ともになくなり次第終了
総数70席(テーブル・座敷・個室あり)
月曜休(祝日の場合は営業、水曜代休)
P25台

2

1

3

1.大きいものを素焼きで。「白焼き(大)」3700円 2.テレビがBGM代わりの気取らない店内 3.国道257号線沿いで好アクセス

食べやすさを追求し、関東・関西の混合仕立て

「基本は関西風だけど、背開きで少し蒸しています。その方が柔らかくて食べやすいから」。そう話すのは和食で腕を磨いてきた先代のご主人。現在は跡継ぎの息子さんに技を伝えつつも、板場に立ち店を支えている。写真の「ひつまぶし」は注文が入ってからうなぎをさばき、炭火で焼いたうなぎが一匹半盛られ、二人で食べても十分なボリューム。うなぎのほかに、一品料理としてどじょう、鮮魚の刺身、卵焼きなどもあり、コース仕立ても気軽に相談できる。

「ひつまぶし」刺身などが付く定食も。4500円

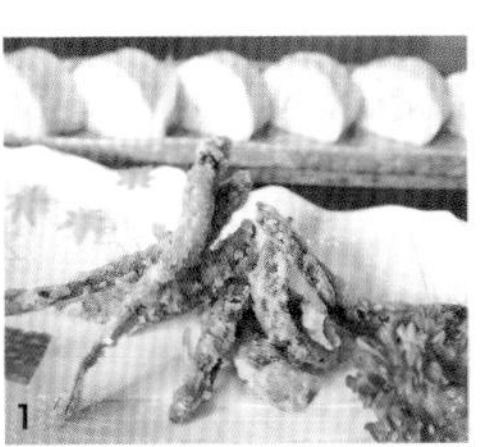

1.クセがなく子どもにも人気の「どぜう唐揚げ」900円、だし巻き1200円(奥)　2.明るい光が差し込む店内。奥には広々とした個室も　3.駐車場からバリアフリーで入れる段差のない玄関

お店から一言

うなぎの骨の唐揚げは妊婦さんに人気です。お持ち帰り用のうなぎ弁当もあります。お気軽にお電話ください(2代目・市川さん)

うなぎ　まつや

磐田市　map：P76 E-2

☎0538-34-7403
磐田市上新屋713-1
11：00～14：00 (13：30LO)
17：00～20：00 (19：30LO)
テーブル34席、半座席8席、個室4席
月曜・第三火曜休
P30台

最上級の炭焼きにこだわり続けて60余年

店名が表す通り本場備長炭でうなぎを焼くのがこの店の味。それには大事な訳がある。上質な備長炭は焼きムラが出にくいため、うなぎの表面に均一に膜を張ることができ、中のうま味を閉じ込めたままふっくらと焼き上げられる。また、うなぎから滴り落ちる余分な脂が炭火にかかることで煙が上がり、香ばしい蒲焼きに仕上げてくれる。つけダレは1年熟成させて作るオリジナル。60年間培ってきた深みのある味は一食の価値あり。

一品で三度おいしい「うなぎまぶし」3800円

1.白焼きとタレご飯の相性抜群。「白焼丼」3800円　2.中心地の喧騒を忘れられる落ち着いた座敷席　3.JR浜松駅から南へ徒歩3分。接待にも好適

お店から一言

タレは地元産の醤油や氷砂糖などを使ったまろやかな味。カメにつぎ足しながら使っているうちだけの味です（店主・名倉さん）

本場備長炭焼　うな炭亭

うなすみてい

浜松市中区　map：P74 G-6

☎053-451-3131
浜松市中区砂山町354
11：00～14：00LO
16：30～19：30LO
※テイクアウトは11：00～18：30。14：00～16：30の受け渡しは14：00までに要注文
総数80席（テーブル・座敷・半個室あり）
木曜、水曜の夜の部休
P13台　PayPay可

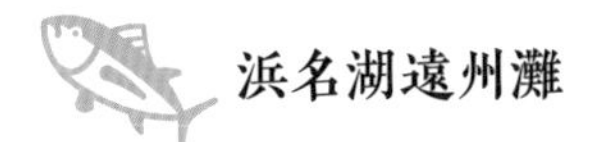

しっとり焼き上げた「うな重 特中」4000円

甘めのタレで関東風にボリューム感が魅力

味とボリュームにこだわり続けて3代続く老舗。「おもてなしには満足感が大事」と店主が話す通り、うな重はボリューム満点。太めのうなぎを丸ごと一匹、甘めのタレでしっとり焼き上げる。食後は幸福感でおなかいっぱいに。白焼きはワサビ、ショウガの2種の薬味で味の違いを楽しめる。

うなぎ専門の店　うな竹

うなたけ

浜松市東区　map：P72 G-5

☎053-461-4482
浜松市東区篠ケ瀬町117-2
11：00～14：00（13：50LO）
16：45～20：00（19：50LO）
※日曜は16：30～
総数40席（座敷、個室、テーブルあり）
火曜休　P12台　PayPay可

眺めるのも楽しい有名人のサイン色紙が壁一面に

ワサビかショウガで。「白焼き（大）」2600円

お店から一言

家庭的な店、丁寧な仕事を心がけています。地元の方はもとより、仕事や観光でお越しの方もお気軽にどうぞ（店主親子・竹内さん）

厳選素材の国産うなぎを高火力の備長炭で

全国から厳選した良品のうなぎを、水を含まない強火力の備長炭と44年にわたる経験を活かして、カリッと焼き上げる関西風。店主は浜松で関西風を早くから広めたパイオニアの一人。タレは愛知県産のたまりとみりんで、コクのある甘みがふんわりと広がる。各地の素材をルーツに持つ、独自の味が人気だ。

脂ののったうなぎが一本、一番人気の「うな重」3300円。きも吸い、漬物付き

炭焼きうなぎ　あおいや

浜松市南区　map：P70 H-2

☎053-464-6323
浜松市南区飯田町616-2
11：00～13：30LO
17：00～19：30LO
カウンター6席、テーブル8席、座敷20席
月曜休　P22台
PayPay・au PAY可

CARD

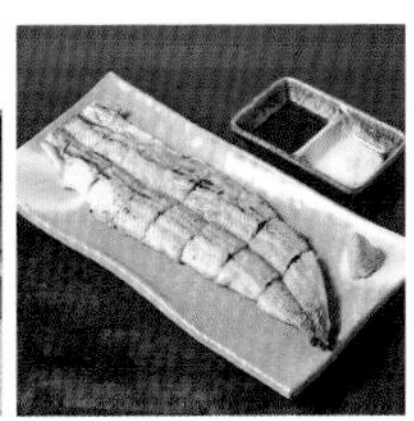
地元はもちろんのこと、市外からも熱心なファンが通う

あっさりとした風味に香ばしい食感、ワサビ醤油か塩で。「白焼」2750円

お店から一言

安心・安全な国産うなぎを、丹念に焼き上げています。うな重メニューは全てお弁当としてテイクアウトOKです（店主・蜂須賀さん）

ワサビ醤油でさっぱり食す白焼きが好評

関西風の炭焼きうなぎを楽しめる店。仕入れた新鮮なうなぎを生かす桶が敷地内にあり、注文を受けてからさばいて焼き上げる。素材は浜名湖を中心とした良質の国産うなぎを使用。蒸さずに一気に焼き上げることで表面はサクッと香ばしく、中身はふっくらジューシーな味わいを作り出す。白焼きをワサビ醤油で組み合わせるうなわさは、うなぎの白焼きをワサビ醤油で楽しむ一皿。素材のうま味をさっぱりと味わえる店自慢の一品だ。

サクッとした食感が一層楽しめる「うなわさ」3150円

1.ひと回り大きなうなぎで二段重に。「うな重特」3700円　2.モダンな雰囲気の店内。個室もある　3.創業40年以上。地元で親しまれている関西風の良店

お店から一言

うなわさは関西風ならではの召し上がり方。うな重とともにシェアして楽しむお客様も多いです（店主・鈴木さん）

うなぎ　加和奈

かわな

浜松市中区　map：P73 D-4

☎053-473-7929
浜松市中区小豆餅4-7-28
11：30〜13：30（13：15LO）
17：30〜20：00（19：30LO）
※なくなり次第終了
テーブル20席、座敷14席
カウンター4席
月曜休　※月末のみ月・火曜休
P15台
PayPay可

上質なうなぎにこだわる「うな重 上」3190円

肉厚うなぎを丸ごと1本使うぜいたくな一杯

元々うなぎの養殖業を生業としていたが、先々代からうなぎ店を開業。良質な生きたうなぎを仕入れ、活きの良い状態のまま店の水に最低1日はなじませてから丁寧にさばく。注文ごとに生の状態から焼き始め、創業以来継ぎ足しているタレに潜らせつつ、関西風の蒸さない地焼きで提供する。

うなぎ処 しまごん

磐田市　map：P76 G-5

☎0538-55-2002
磐田市南田255
11：00〜14：00
テイクアウト〜17：00
※完売になり次第終了
カウンター5席、テーブル12席
座敷44席
火曜、水曜休　P50台

CARD

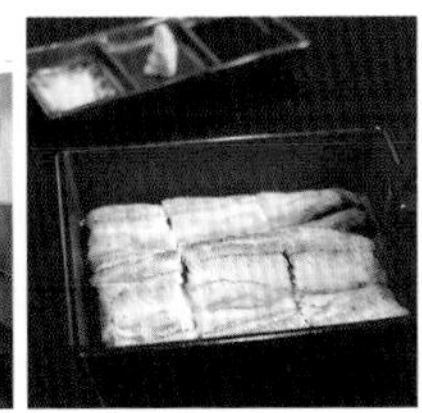
座敷のほかにテーブル席もあり年配者も安心

淡白ながら強いうま味の「（単品）白焼 大」2585円

お店から一言
先々代、先代から授かった知識と技術をしっかり受け継ぎ、3代目として今後も頑張って参ります
（3代目店主・木村さん）

臭みのない新鮮なうなぎを関東風に仕上げた「うな重」3100円〜

ふんわりとろける関東風辛めのタレがアクセント

いけすに泳ぐ浜名湖の活うなぎを3代目の店主がさばき、丹念に仕上げる。関東風の蒲焼きはふっくらと肉厚で少し辛めのタレがよく絡み食が進む。蒲焼きのほか、「ひつまぶし」（3400円）や、少しずついろいろなうなぎ料理が楽しめる「うなぎ御膳」（4000円）もおすすめ。刺身や天丼など定食が豊富にあるのもうれしい。

うなぎ 和食 新泉
しんせん

掛川市　map：P78 F-2

☎0537-22-5521
掛川市掛川606-2
11：30〜13：30LO
17：30〜19：30LO
テーブル22席、カウンター6席、1F掘りごたつ2部屋各8人、間仕切りなし対応可、最大50人　水曜休　P15台
※電話予約で一部持ち帰り可能

CARD

清潔感溢れる和モダンな造り。ゆったりと食事が楽しめる

華やかな懐石料理は前日までの要予約で4000円〜

入荷次第で提供する「カツオの刺身」1人前1200円

カツオ

旬の旨い魚でもてなす浜名湖畔の店

浜名湖、遠州灘をメインとした新鮮な魚介を味わえる店。手軽な定食からコース料理まで楽しめ、幅広いシーンで利用できる。店内には水槽やいけすがあり、生きたまま調理する魚は新鮮そのもの。舞阪や雄踏など複数の漁港から仕入れることで種類豊富な海の幸を取りそろえる。通年で提供するうなぎやすっぽんのほか、浜名湖岸ならではの旬魚に出合えるのも醍醐味。初夏には舞阪港で水揚げされるモチモチの絶品もちがつおも堪能できる。

お店から一言

鮮度と質を大切に、おいしい魚にこだわって提供しています（店主・山本さん）

1.「渡り蟹の酒蒸し」100gあたり1100円（一匹売） 2.浜名湖のすぐそばにあり、料理とともに眺めも楽しめる 3.水槽やいけすは水深50mから汲み上げる地下海水を使用

弁天島 山本亭

やまもとてい

浜松市西区 map：P75 C-6

☎053-592-1919
浜松市西区舞阪町弁天島3212-3
11：30～14：30、16：30～22：00
カウンター11席、座敷45席、小上がり24席
※座敷はテーブルにも対応
木曜休
P20台
PayPay可

カツオの刺身は定食にもできる。季節により1000円〜1300円程度

これぞ御前崎産!カツオの美味を堪能

御前崎漁港の獲れたて魚介にこだわる人気店。御前崎名物のカツオは身に脂のうま味がバランス良く広がっているのが特徴で、魚臭さはほとんどなし。薬味のニンニクや青ネギと一緒に食べてもカツオの味が引き立ち、鮮度の高さを感じさせる。天候によって仕入れがなかったり値段が変わったりするので、事前に問い合わせを。日によって変わる獲れたての地場産魚介を盛り付けた「海鮮丼」とともに注文してみて。

1.「海鮮丼」1628円。旬の彩り豊かな鮮魚を堪能できる　2.大人数でもゆったりと楽しめる、座敷メインの和空間　3.目の前は海。遠州灘を一望する絶景ロケーションも人気

お店から一言

御前崎の伝統製法・手火山式で仕上げたカツオ節も名物です。人気の「なまりぶしサラダ」(660円)でご賞味ください

磯料理　厨

くりや

御前崎　map:P79 H-6

☎0548-63-1439
御前崎市御前崎1140-22
11:00〜14:00LO
17:00〜22:30(21:30LO)
座敷カウンター6席、座敷テーブル14席、座敷40席
水曜休　※月に一度、木曜不定休あり
P30台(大型バス可)

30年続く灯台前の老舗で地場の新鮮魚介を

仕入れによって内容が変わる「刺身定食」1650円

御前埼灯台の目の前で30年愛され続ける食事処。近海で獲れた魚介をボリューム満点の定食や丼でリーズナブルに提供する。内容はその日の仕入れ次第。地場産のカツオやマグロを中心に、アジやタチウオの干物、カンパチなど、旬の鮮魚を楽しもう。カツオを堪能したいなら、希少部位のハラモ（腹の部分）を使った「カツオハラモ定食」（1300円）がおすすめ。全ての定食にご飯、汁物、小鉢、漬物付きで、和え物やあら煮をサービスしてくれることも。

お店から一言

分厚く切ったお刺身をみなさん喜んでくれます。御前崎の新鮮な魚介をおなかいっぱい召し上がってください（店主・山中さん）

1.人気の丼は「ネギトロ丼」と「しらす丼」ともに1100円　2.店内の窓から遠州灘を見下ろすロケーションも人気の秘密　3.食べたいものを伝えれば、即興で定食や丼を作ってくれる

御食事処　紀行茶屋

きこうちゃや

御前崎市　map：P79 H-6

☎0548-63-4320
御前崎市御前崎1570-1
11：00〜18：00
※入店状況によって変わる場合あり
座敷30席
水曜休　※天候により不定休あり
P10台（共同）

新鮮、厚切り、切りたて！鮮魚店の海鮮料理

食事もできる人気の鮮魚店。海鮮丼や刺身定食など約20種類のメニューを楽しめるとあって、週末は行列ができるほどにぎわう。主に御前崎から仕入れる「近海かつお刺身定食」には艶やかなカツオがこれでもかというほど盛られ、その分厚さにも驚く。食感はみずみずしくプリプリ。旅館や飲食店などに卸売りする専門店だけあって味に妥協はない。ご飯は掛川産のきぬむすめ、小鉢やみそ汁も手作りでホッとする味わい。注文が入ってからさばく鮮度の良さを堪能しよう。

新鮮なカツオを存分に！近海かつお刺身定食1100円

1.人気の「海鮮丼定食」1000円。刺身の種類はその日のお楽しみ　2.刺身や手作り総菜も安くてボリューム満点　3.東名掛川ICや掛川花鳥園からすぐ。遠方から訪れる人も多い

お店から一言

食事、鮮魚コーナーともに新鮮な魚が種類豊富にそろっています。鮮魚店ならではの安さも自慢です！（店主・宮城さん）

鮪屋みやぎ

まぐろやみやぎ

掛川市　map：P78 F-2

☎0537-24-3434
掛川市亀の甲2-22-13
11：00〜19：00
※食事は11：30〜材料が終わり次第終了（レジで料理を注文してから席に着くシステム）
テーブル10席、カウンター5席
月曜休
P10台

シラス

港町福田ならでは！鮮度にこだわる地魚料理

名物「釜揚げしらす丼」昼はみそ汁サービス。1000円

店主は鮮魚店も営んでいるだけに魚を見る目は確か。旬の地魚を知り尽くした目利きが近海で揚がった魚を直接買い付けるため、安くて新鮮な地魚料理が味わえる。まず試したい「釜揚げしらす丼」は、天日干しならではのふわふわシラスがたっぷり。温かいご飯にはタレとゆかりを混ぜ込んであり、ほんのりとした甘みと塩気を含むシラスとの相性は抜群だ。えりすぐりの鮮魚をぜいたくに味わう「海鮮丼」、有名店で修行を積んで作り上げた「天丼」もおすすめ。

お店から一言

近海で獲れた活きのいい旬の魚を厳選しています。季節限定品のもちがつおや生シラスもおすすめです！（店主・河邉さん）

魚時

うおとき

磐田市　map：P76 G-5

☎0538-55-2620
磐田市福田中島1390
11：30～13：30LO
17：00～20：30LO
テーブル18席、カウンター5席
座敷30席
水曜　※貸し切りの場合もあるので要確認
P20台

1.絶品の「煮魚」時価800～1200円。写真の魚はチョウカ　2.ボリューム満点「ミニ海鮮丼と天ぷら盛合定食」1450円　3.150号線沿い。遠方から通うファンも多い人気店

「釜揚げしらす丼」はみそ汁、漬物、小鉢が付く。900円

鮮度抜群！極上のシラスを存分に味わう

2016年、福田港を活性化しようと、漁港前にある「渚の交流館」内に漁師たちが開いた店。港食堂ならではの海鮮メニューが15種類もそろい、週末はカップルや家族連れでにぎわう。シラス漁の主要六港の一つである福田港で水揚げされたシラスを漁師が目利きし、店に卸している。

漁師のどんぶり屋

りょうしのどんぶりや

磐田市　map：P76 H-6

☎090-4400-7992
磐田市豊浜4127-43
渚の交流館内
平日11：00～14：00
土日祝 10：30～15：00
テーブル70席、座敷8席
テラス24席
火曜休　※祝日の場合は翌日休み
P200台

目の前に広がる海が望める店内

豊富な種類の刺身が食べられる「海鮮丼」1200円。ご飯は酢飯

お店から一言

毎朝仕入れる魚をお店でさばいてます。鮮度抜群！おいしい丼を食べにぜひご来店ください。お待ちしてます（代表社員・安井さん）

「舞阪漁港で揚がったしらすカレー（プレート）」1580円

プリプリのシラスとスリランカカレーがマッチ

スリランカカレーにプリプリの舞阪産釜揚げシラスをたっぷり散らしたグローバルな一皿が好評。スパイス効果で体の中から温まること請け合いだ。味わうなら野菜や豆料理とセットになった栄養満点のプレートがおすすめ。メニューは全品グルテンフリー。刺激的なネーミングの「デビルチキンカレー」も人気。

LaLa Curry

ララカレー

浜松市中区　map：P74 E-5

☎053-458-6688
浜松市中区肴町312-16
11：00～15：00
17：00～22：00
カウンター4席
12/31、1/1休
Pなし
PayPay可

お酒の後の"締めカレー"を求める夜派にも人気

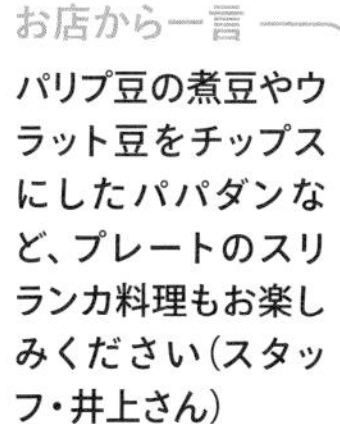

スタンダードな辛さ「デビルチキンカレー」700円

お店から一言

パリプ豆の煮豆やウラット豆をチップスにしたパパダンなど、プレートのスリランカ料理もお楽しみください（スタッフ・井上さん）

牡蠣

ミルキーな天ぷらにうっとり。牡蠣小屋も名物

ランチも行う居酒屋。料理は和定食を中心に多彩なメニューをそろえる。冬は牡蠣小屋もオープンし、個人店として扱う生食用の牡蠣量は浜松では随一。仙鳳趾(せんぽうし)産、厚岸(あっけし)産など各地から取り寄せる牡蠣は殻付き、剥き、焼き、蒸しと食べ方を選べるのもうれしい。揚げ物なら天ぷらがおすすめだ。大粒で食べ応え十分。ねっとりした柔らかさとミルキーな味わいがたまらない。フライは浜名湖産牡蠣も使用する。昭和レトロ溢れる独特な空間も魅力だ。

一度食べたらやみつきに。「牡蠣の天ぷら」1200円

1.昭和の懐かしさ感じる古民家風の建物が目印　2.うま味と甘みが広がる「墨さきいかの天ぷら」580円　3.冬季限定の牡蠣小屋。産地直送牡蠣をたっぷり味わえる

お店から一言

にこにこご飯を食べてもらえたらとの想いを込めて名付けた店。楽しく温かい時間を過ごして(店主・源馬さん)

酒楽部屋 にこまん馬

にこまんま

浜松市中区　map:P73 C-5

☎053-472-5558
浜松市中区和地山3-4-3
11:30～14:30、18:00～24:00
かき小屋11:30～14:30
※かき小屋は3月末日まで
テーブル12席、座敷15席
カウンター7席、縁側20席
日曜休
P10台
スマホ決済可

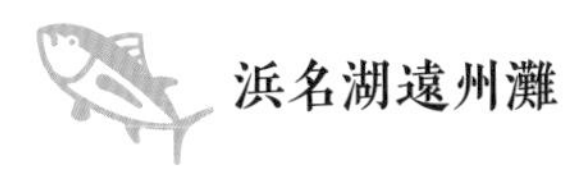

浜名湖産牡蠣を「がんがん焼き」でいただく

漁師ゆかりの「がんがん焼き」1個・約360円〜

うなぎの加工・販売会社「マルマ中塩商店」が直営する牡蠣小屋。プロが目利きした全国各地の旬の牡蠣を味わえる。加熱用のみ出回る浜名湖産牡蠣は、毎年11〜12月頃からお目見え。大ぶりの身で柔らかくプリプリとした食感が特徴だ。同店では、専用の缶に日本酒を入れて15分ほど蒸し焼きにする「がんがん焼き」で調理。ゆず醤油をちょっと垂らせば、牡蠣の濃厚でまろやかな味わいを口いっぱいに感じることができる。

お店から一言

ホタテやハマグリなどの浜焼きメニューのほか、うなぎ、シラス、浜松餃子といった地元グルメもあります！（代表取締役・中塩さん）

1.浜名湖産うなぎを手頃に楽しめる「うなぎごはん」1400円　2.浜名湖産牡蠣のシーズンには県内外から客が押し寄せる　3.店は工場の一角。ロード看板を頼りに訪れてみて

産直かき小屋

舞阪マルマ幸福丸

まいさかマルマこうふくまる

浜松市西区 map：P75 C-6

☎053-592-2340
浜松市西区舞阪町舞阪2621-114
10：00〜16：00（15：00LO）
テーブル40席
木曜休
P20台

すっぽん

地下のいけすから厨房へ。うま味が生きる塩鍋

「もりもりコース（2名様〜）」8800円

浜名湖の「服部中村養鼈場」から生きたすっぽんを仕入れ、地下のいけすで管理。もともと臭みがない養殖ものだが店で餌絶ちすることでさらにスッキリした味になる。鍋の命ともいえるダシは、水、日本酒、塩だけですっぽんのうま味を引き出す。透き通ったコクのあるスープと軽やかな食感の身を味わえば元気もりもり、肌ツヤツヤ。コースは鍋に肝臓や腸、刺身に大胸筋、卵黄などまさにすっぽん尽くし。骨からダシが染み出す唐揚げも見逃せない。

お店から一言

コラーゲン豊富なので美容効果も期待できます。お手軽な「すっぽん一人鍋」もあります。お気軽にどうぞ（店主・高木さん）

1.「すっぽん唐揚げ」2750円　2.床の間飾りも美しい純和風の落ち着いた個室　3.中心市街地ながら路地裏に位置する静かな立地

すっぽん料理　富久竹

ふくたけ

浜松市中区　map：P74 F-4

☎053-452-0995
浜松市中区田町231-5
ランチ11：30〜13：30
ディナー17：00〜23：00（22：00LO）
総席数110席（カウンター、座敷、掘りごたつ、個室含む）
日曜、土曜ランチ（予約のみ営業可）休
P8台

クルマエビ

太平洋を望みながら、浜名湖の豊かな幸を堪能

舞阪漁港近くにある、大正元年創業の老舗。春のシラスから冬の牡蠣まで、四季折々の魚を新鮮なまま味わえるとあって、市内外から多くの客が集い、今や浜名湖観光には外せない人気店となった。客の大半がオーダーする看板メニューはボリューム満点の活天丼。地元産を中心に仕入れた活きのよいクルマエビを、注文後にいけすから揚げて手際よくさばく。代々続く甘辛の秘伝のタレが、ごま油でカラッと揚がった天ぷらにからみ箸が進む。

ぷりぷりのエビが3本、白身魚、季節の野菜天が乗った「活天丼」2200円。汁・小鉢付き

1.風味豊かなカツオダシとふんわりたまごで子どもにも人気の「茶碗蒸し」660円　2-3.窓の外には、雄大な浜名湖にかかる浜名大橋と漁船たち。店の真後ろにある舞坂漁港を眺めながらくつろげる

お店から一言

浜名湖の雄大な絶景も魅力の一つ。季節を感じる新鮮な地元の幸を味わいながらくつろいでください（4代目店主・山田さん）

活魚料理　魚あら

うおあら

浜松市西区　map：P75 C-6

☎053-592-0041
浜松市西区舞阪町舞阪2119-12
11：00～14：00LO
16：30～20：00LO
テーブル40席、座敷40席
月曜休（祝日の場合は営業翌日休み）
P30台
PayPay可

ふぐ

天然とらふぐ、肉、野菜…上質な浜松食材を

遠州灘の天然のみ使用「とらふぐ会席」22000円

創業明治24年の老舗が今秋、店内を新装。浜松の旬の最高級食材が集まる店へと進化した。とらふぐは遠州灘で揚がった天然もののみ。刺身、ふぐしゃぶサラダ、唐揚げ、焼白子など、調理方法によって変わるおいしさを丸ごと堪能できる。新設された天ぷらカウンターでは「浜松おもてなし天ぷら会席」を。魚介や野菜に加え、峯野牛のサーロインの天ぷらも味わえる。すっぽんのエキスを染み込ませた塩やごま油も浜松産と、こだわり抜いた挑戦に注目が集まっている。

お店から一言

先代から続くおもてなしの心を受け継ぎながら真心込めて調理します。浜松の旬の味をぜひご賞味ください(4代目店主・鈴木さん)

日本料理 浜松 桝形

ますがた

浜松市中区 map:P74 F-5

☎053-452-0498
浜松市中区肴町316-40桝形ビル4F
11:30〜14:00
17:00〜23:00(21:30LO)
※全て予約制
カウンター5席、テーブル4席、座敷8席、個室あり
P提携駐車場あり
スマホ決済可

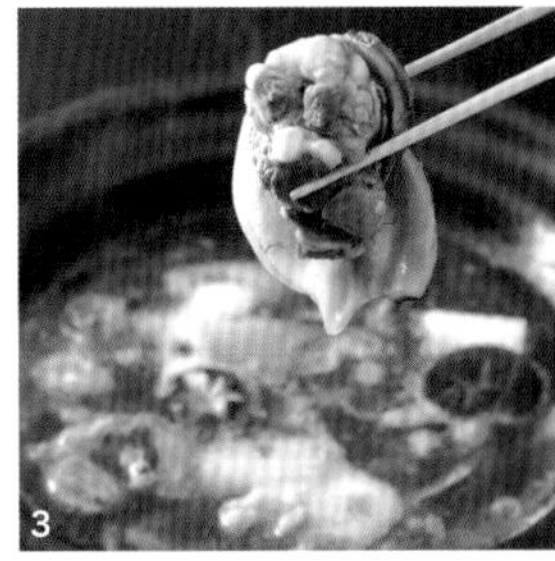

1.「浜松おもてなし天ぷら会席」11000円　2.今秋リニューアルし、天ぷらカウンターが登場　3.冬期限定「すっぽん徳丸会席」16500円

地元遠州の新鮮素材は、天下人を支えた健康の礎

〝家康公が愛した遠州の食材が、その後の天下取りを健康面から支えた〟という観点から、地元の食材の魅力を伝える「浜松パワーフード学会」が2019年4月に設立された。その旗振り役を務めるじねんは、舞阪漁港や浜名湖から水揚げされた遠州天然とらふぐなどの新鮮な魚介類に加え、野菜や畜産物も地元の農家から直接仕入れており浜松愛にあふれる。素材の魅力を引き出す高い技巧も相まって、ビジネスユースからカップルまで高い人気を誇る。

てっさから雑炊までふぐの神髄を。ふぐ刺身は単品1700円～。「遠州天然とらふぐコース」15000円※要予約

1.じねんでは"将軍うなぎ"と名付けた肉厚のうなぎを使用。「うなぎ各種」白焼・かば焼き各3000円　2.1Fはデートスポットにも、2Fは座敷で宴会にも使える　3.天下人の足跡を感じながら味わう和食中心の絶品浜松料理

お店から一言

新鮮素材を使った料理をぜひご賞味ください(店長・稲森さん)

浜松料理　じねん

浜松市中区　map：P74 F-5

☎053-456-7025
浜松市中区田町323-4
平日18：00～23：00（22：30LO）
金土18：00～23：30（23：00LO）
カウンター8席、座敷22席
日曜休
PayPay可

ふぐの刺身、鍋付きの基本「萩コース」11000円

ふぐは遠州灘、うなぎは浜名湖に徹した味

「徹することが味を創る」。そう話すのは同店でふぐ料理の提供を始めた3代目のご主人。遠州灘で獲れたふぐは脂肪分がなく淡白なうまさが魅力。鍋には舞阪港から揚がったばかりのプリプリの身を、刺身は寝かせてうま味を引き出したものを。料理に合わせて仕込みができるのは、舞阪港からその日のうちにふぐが届き、その価値を生かす料理人がいるから。このほか、うなぎは浜名湖産、天ぷらは舞阪の魚介が中心で、いつでも旬の味覚が堪能できる。

お店から一言

鍋は自家製ポン酢、薬味、アサツキ、この3つがバランス良くそろってこそうちの味。ぜひお試しください（店主・神谷さん）

1.関東風ふっくら「かば焼き」2750円
2.個室席の多い店内は仲間と気兼ねなく過ごせる空間　3.遠州鉄道「第一通り駅」から徒歩1分

ふぐ料理　**神谷**
かみや

浜松市中区　map：P74 F-5

☎053-453-6606
浜松市中区田町329-8
11：30〜13：30LO
17：00〜21：00
カウンター6席、テーブル8席
イス個室26席
日曜、祝日休※冬期は日曜のみ
P提携駐車場あり

「金目鯛の煮付け」予約がおすすめ。3300円

金目鯛

ボリューム満点！お祝いにぴったりの金目鯛

器からはみ出そうなサイズが目を引く金目鯛の煮つけ。舞阪港などへ店主自ら車で出向き買い付けてくる。上品な脂の甘みを持つ金目鯛の白身を濃いめの甘辛タレでサッと煮付けて、タレを絡めながら食べるのがつく田流。刺身は遠州っ子が大好きなカツオに加え、アジ、サワラ、イカ、タコのほかに時にはオコゼやイセエビなど旬の地魚がめじろ押し。選び抜かれた日本酒や焼酎とともに季節の味を堪能したい。

お店から一言

おかげさまで17年目になりました。“毎日おいしいものを”がモットーです。ご家族やお友達とどうぞ（店主・佃さん）

魚菜屋　つく田゛

つくだ

浜松市中区　map：P72 E-5

☎053-466-1295
浜松市中区早出町1200-11
17：00～24：00（23：00LO）
カウンター8席、テーブル8席
座敷12席
木曜休
P5台
PayPay可

1.店主が漁港で仕入れる「刺身盛り合わせ」1760円　2.大正ロマンの香り漂う店内にはジャズのBGMが　3.白壁に赤いのれんが目印。各種テイクアウトも

「煮魚定食」ご飯・みそ汁がセットで付く。2700円

御前崎産の金目鯛！豪快な煮付けの満腹定食

１９８５年に民宿と食事処として創業。老若男女幅広い世代に親しまれ、小さな子ども連れの家族からも人気を集める。毎朝、御前崎港で水揚げされた新鮮な魚介を仕入れ、旬の海の幸を提供。身の付きの良い金目鯛を一匹丸ごと使った「煮魚定食」は、港町ならではのぜいたくな味わいだ。季節や水揚げ状況で、その日に提供する魚のラインナップが変わるのも醍醐味の一つ。天候が良ければ店の玄関口から、富士山や伊豆半島が一望できる。

1.刺身（単品）1550円。鮮度のいい新鮮な刺身が8種類ほど堪能できる　2.全席座敷で小さな子ども連れも来店しやすい　3.店前の道路を挟んだ海側にも駐車場がある

磯亭

いそてい

御前崎市　map：P79 H-6

☎0548-63-5099
御前崎市御前崎1-25
11：00～14：00
17：00～19：30
座敷25席
火曜休
P40台

高級ブランド肉 うまいもん

遠州夢咲牛や特選和牛静岡そだち・みっかび牛など、静岡県が誇るブランド牛、知ってます？中には、和牛のオリンピックで日本一を受賞した極上の牛肉だって誕生しているのです。豚肉も負けてはいません。コンテストで全国1位に輝いたふじのくに浜名湖そだちをはじめ、遠州の夢の夢ポークや森島黒豚など、県西部は銘柄豚の種類が豊富。特に浜松周辺は、明治の頃から産地として豚を飼育してきた長〜い歴史があるのです。どのお肉もそれぞれにおいしいのは、生産者が愛情をたっぷりかけて育てているから。そして腕利きの料理人たちがこだわりを持って提供してくれるから。そんな上質かつこだわりの肉料理が楽しめる名店へ、いざ。

牛

お得感満点「サーロイン盛り合わせ」5280円

肉は静岡そだち一本。希少部位のタン元も

さっぱりしたおいしさに惚れ込み、扱う肉は静岡そだちのみ。生産者らも一目置く有名店だ。上写真は「特上サーロイン」200g、「上カルビ」50g、「上ロース」50gの豪華なお肉の盛り合わせ。A5ランクの若い雌牛を厳選しているので厚切りでも柔らかく、脂のうま味が堪能できる。また一頭から四人前しか取れないタン元もここなら東京の半値で食べられる。独特のプリプリ感はやみつきになりそう。週に一度の入荷なので予約がおすすめ。

お店から一言

本当においしいので、まだ「静岡そだち」を食べたことのない方はこの機会にぜひ食べてみてください（代表・雪嶋さん）

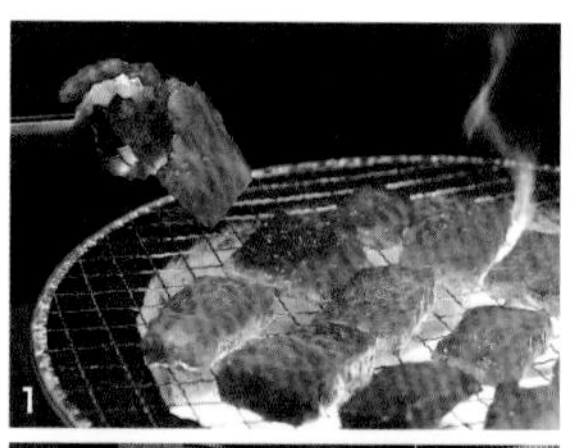

1.各テーブルに運ばれてくる七輪で炭火焼きを楽しめる　2.滅多にない「和牛黒上たん（限定品）」4180円　3.住吉バイパス沿い、浜松城北工高から徒歩2分

炭火焼　ゆらり

浜松市中区　map：P73 D-5

☎053-476-1252
浜松市中区幸1-1-41
17：00～23：00（22：30LO）
テーブル18席、座敷12席、半個室12席、個室6席
木曜休
P15台

特選和牛の静岡そだちを大切な人と

店名は韓国語で客間を意味する「サランバン」に由来。その名の通り、店内は上品かつ清潔感にあふれている。おすすめは静岡そだちの「ランプステーキ」。ぜいたくな厚みの赤身を転がしながらじっくり焼くのがおいしさを引き出すコツ。食感は驚くほど柔らかく、脂の甘みが口の中いっぱいに広がる。ハラミ、イチボ、カイノミなどの希少部位も多数。テール肉を野菜、コチュジャンと煮込み、ライス入りスープで食べる「テグタン」はコクのある辛味が癖になる味わいだ。

おもてなしにぴったり「ランプステーキ」2530円

1.マイルドな辛味で食べやすい「テグタン」1375円 2.清潔感のある店内。座りやすい掘りごたつ座敷もあり 3.大型の車でも止めやすい広々とした駐車場完備

お店から一言

地域にある良いものをお届けします。昼夜メニューを限定せず、いつでも良質の焼肉をお楽しみいただけます(店主・村上さん)

焼肉レストラン サラン

浜松市中区 map:P73 D-6

☎053-474-7427
浜松市中区住吉1-4-16
11:30～14:00(13:30LO)
17:00～25:00(24:30LO)
テーブル36席、座敷32席
水曜休
P20台

「遠州夢咲牛A5ランク 特上カルビ」1870円

静岡の牛に惚れ込んだ、御前崎の隠れた名店

御前崎が誇るブランド和牛遠州夢咲牛を中心に、静岡そだち、みっかび牛、掛川牛などの県内産国産牛を取りそろえる。「全国トップレベルの静岡の牛の素晴らしさをより多くの人に伝えたい」という熱意から、提供する肉には名札を付け、特徴や焼き方などを店員が丁寧に説明してくれる。イチ押しは遠州夢咲牛の「特上カルビ」。舌の上でスッととろけ、上品な脂の甘さが広がっていく。軽く炙ってからワサビでいただくのが〝源氏流〟だ。

お店から一言

肉にトキメケ〜！ 肉でキラメケ〜！ 有名ブランド牛にも負けない、静岡産のお肉をぜひご堪能ください！（マスコットキャラクター・ゲンちゃん）

焼肉酒房 **源氏**
げんじ

御前崎市 map：P79 G-5

☎0537-86-6390
御前崎市佐倉3847
17：30〜23：00（22：00LO）
テーブル24席
掘りごたつ座敷36席
月・火曜休（月曜祝日の場合は営業）
P15台

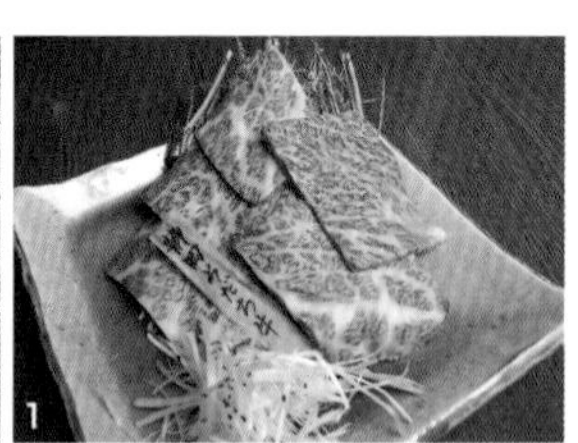

1.ファンの多い希少部位「ザブトン」は仕入れ次第で登場　2.少人数のテーブル席から最大25名まで収納の座敷まで完備　3.季節限定のお得なコースはホームページやSNSで確認を

「特選夢咲牛サーロイン(温野菜付き)」150g5720円～

五感で楽しむ厳選 A5ランクの遠州夢咲牛

松阪牛や神戸牛にも匹敵するといわれる、地元産ブランド黒毛和牛遠州夢咲牛をぜいたくなステーキやハンバーグで提供する名店。厳選したA5ランクを目の前で豪快に鉄板焼きし、旬の野菜や魚介とともに五感で堪能できる。料理に使われるソース、ドレッシングなどは全て自家製というこだわりも。

お店から一言
誕生日などの各種記念日パーティー、忘新年会、歓送迎会でもお気軽にご利用ください。貸し切りも対応します(オーナーシェフ・高塚さん)

ステーキレストラン　寓
ぐう

御前崎市　map：P79 F-5

☎0537-86-2576
御前崎市池新田5489-1
コーポ揚張1F
11：00～14：00、17：00～21：00
カウンター10席、テーブル18席
月曜休 ※祝日の場合は営業、翌日休　P10台（共同）

ランチは1100円～。手頃な価格でちょっとしたぜいたくを

特製ハンバーグは、箸でほろりと切れる柔らかさ

森町の米を食んで育つ2歳以下の雌牛「森の姫牛 特選部位」100ｇ／1880円

市場にほとんど出ない 幻の森の姫牛に舌鼓

柔らかできめ細かな肉質とあっさりとしたコクとうま味を持つ森の姫牛を提供する肉バル。カウンターの目の前でグリルされる森の姫牛は、赤身のおいしさを余すところなく堪能できる。肉と相性の良い上質なワインやクラフトビールも話題。舌の肥えた通も絶賛の肉とお酒のマリアージュを楽しんでほしい。

お店から一言
牧場に足を運んで惚れ込んだ森の姫牛。この最高のお肉に合うワインやクラフトビールとともにお楽しみください(店主・竹原さん)

食べ比べできる「3種盛りBセット」300ｇ／3380円

インダストリアルなスタイルがお洒落な店内

肉とワインとクラフトビール PAN de NIQ
パンデニック

袋井市　map：P77 B-3

☎0538-44-2929
袋井市高尾町11-5
17：29～22：00（土日祝～23：00）
カウンター12席、テーブル50席
月曜休
P9台
※週末は予約が確実

厳選した静岡そだちのミスジやトモサンカクなど1628円～

子どもも歓迎！高級焼肉をカジュアルに楽しむ

黒毛和牛専門店として2003年にオープン。仕切りのある空間で存分に焼肉を楽しめる店内は、週末ともなると満席が続く。家族の記念日などの利用にも最適。浜松市の認定生食用食肉取扱店の認定を受け、衛生管理も徹底している。静岡そだちや近江牛などの高ランクの牛肉を厳選して提供。静岡そだちは、A4ランク以上の雌のみを仕入れる。希少部位のミスジや脂の甘みが強いトモサンカクなど常に10種類以上の部位がそろう。

お店から一言

厳選した黒毛和牛を扱い続けてきた柳之介だからこそ、こだわった一品があります。ぜひお召し上がりください（料理長・渡辺さん）

領家肉匠　焼肉 柳之介

やきにくりゅうのすけ

浜松市中区　**map：P70 F-3**

☎053-469-5445
浜松市中区領家3-2-6
17：00～23：00
掘りごたつ74席
月曜休　※祝日の場合は翌日休み
P13台
PayPay可

1.静岡そだちを使用したコースの一部3850円～　2.落ち着いた雰囲気の店内は、豊富な種類のお酒を飲むのにも最適　3.正肉は全て厳選した黒毛和牛で提供する

希少ブランド・みっかび牛を炭火焼肉で

「三ヶ日牛カルビ・ロース盛りSET」3065円

三ヶ日みかんを食べて育ったブランド牛として知られるみっかび牛。美しい肉質と滑らかで甘みの強い脂、さっぱりした後味が特徴だ。三愛は「三ヶ日を味わう」をコンセプトとした、みっかび牛を炭火焼肉で堪能できる専門店。メニューはもちろん、三ヶ日みかんをベースにしたタレや、炭にみかんの木を使用するなど、地元愛を前面に打ち出した取り組みにも注目してみて。初めてならまずはセットメニューから注文を。

お店から一言
みっかび牛以外にも三ヶ日には魅力的なグルメ・レジャー・スポットがたくさん! ぜひ遊びに来てください!(店主・竹下さん)

炭火焼肉 **三愛**
さんあい

浜松市北区 map:P75 B-3
☎053-525-1229
浜松市北区三ヶ日町津々崎368
11:00〜14:00LO ※土日祝のみ
17:00〜20:00LO
半個室テーブル席18席
ボックス10席、掘りごたつ座敷36席
水曜休
P30台

1.柔らかくて濃厚な味わいの特製「三ヶ日牛ローストビーフ」 2.奥浜名湖を一望するロケーションの良さも選ばれる理由 3.テイクアウトメニューや通信販売にも力を入れている

奥浜名湖の魅力的な食材をイタリア料理に

魚介、肉、キノコ、野菜など奥浜名湖で採れる豊かな食材を使い、素材そのものの良さを料理に活かすのがジージョ流。「三ケ日牛ローストビーフたっぷりスパゲティ奥浜名湖風」もその一つ。独自の製法で熟成させた地元産の牛肉をローストビーフにして、アーリオオーリオスパゲティの上にしっとりかぶせて盛り付ける。「みっかび牛が主役の料理なので、たっぷり乗せています」とオーナーシェフが話すとおり、まるでコース料理の主菜のようなボリューム感で堪能できる。

「三ケ日牛ローストビーフたっぷりスパゲティ奥浜名湖風」ランチはスープ、サラダ付きで2530円

1.エスプレッソゼリーとバニラアイスのドルチェ「カフェブルカーノ」（コース料理にて提供）
2.落ち着いた配色の店内。4～6名でも貸切できる　3.都田川が間近のロケーション。観光とともに訪れたい

お店から一言

奥浜名湖には素晴らしい食材があふれています。シンプルに仕上げていますので素材の良さをお楽しみください（オーナーシェフ・太箸さん）

奥浜名湖イタリア料理　gigio

ジージョ

浜松市北区　map：P75 D-2

☎053-415-8979
浜松市北区細江町気賀17-1
モーニング9：00～11：00
ランチ12：00～14：30
コーヒータイム14：30～17：00
ディナー18：30～　※ディナーは予約制
総数12席（カウンター、テーブル、テラス、個室あり）
月曜・火曜ディナー休
P10台　PayPay可

コースのメイン「峯野牛サーロイン網焼きブドウ酒の神バッカス風」

地産地消の五感で味わうフランス料理が評判

見て楽しめ、食べて楽しめるフレンチの主役は遠州産のさまざまな食材。プレミアムコースでは赤身がおいしい引佐の峯野牛(サーロイン)が登場する。きめ細かく柔らかな肉はジューシーで食べ応えもしっかり。そのほかのコースの肉料理でもみっかび牛や遠州夢の夢ポークなどの地元ブランド牛を味わえる。

Cuisine de France Maison Nakamichi

フランス料理　メゾンナカミチ

浜松市西区　map：P71 B-2

☎053-489-3733
浜松市西区入野町1900-37
サンステージプラム1F
11：30〜14：30
17：30〜21：30
テーブル20席
水曜・第3火曜休　P15台

落ち着いた店内。プレミアムコースは5100円

彩り豊かな食材を楽しむ「アンサンブルオードブル」

お店から一言
料理を楽しみながら遠州食材の素晴らしさをもっと知っていただけたらうれしいです(オーナーシェフ・中道さん)

掛川牛「ササバラ」1320円(手前)と掛川牛「上ロース」1430円

赤身とサシが絶妙な掛川牛のササバラ

ヘルシーで牛肉本来のおいしさが味わえる掛川牛を提供する焼肉店。極上と呼ばれる「ササバラ」はごく少量しか取れないカルビの希少品だ。サシが多いものの、しつこさはなく肉のうま味と脂の甘みが口に広がる。出合えたら迷わず注文を。スパイスと果物、赤ワインが肉のコクを引き立てる「牛たんカレー」も密かな人気。

お店から一言
生産者の少ない貴重な掛川牛をお楽しみください。赤身のおいしさを実感できます(店主・梅原さん)

柔らかな牛タンのうま味が溶け込んだ「牛たんカレー」770円

気取りなくくつろげる雰囲気。座敷を備えていて、家族連れも多い

焼肉　幸縁

こうえん

掛川市　map：P78 G-1

☎0537-24-3004
掛川市成滝314-2
17：00〜22：00
テーブル12席、座敷35席
水、木曜休
P30台
※週末は予約が確実

「とんかつ定食B250g(極上ロース)」2640円

豚

目利きが選ぶ極上豚は濃厚かつジューシー

銘柄に惑わされず、自身の審美眼で仕入れる豚肉に絶対の自信を持つ店主の手塚さん。写真の「極上ロース」は味の濃いリブロースの一部で一頭から4~5枚しか取れず、凝縮された肉のうま味が魅力。女性に人気の「アスパラ巻き」は注文が入ってからヒレ肉をたたき、熟練の技でアスパラとの一体感を生み出す。パン粉やポテトサラダは毎朝仕込み、ソースもドレッシングも全て手作り。とんかつの醍醐味が一皿にたっぷり盛り込まれている。

1.「ヒレ肉のアスパラ巻き定食」2420円、小2090円　2.骨董品や松本民芸家具が並ぶ上質なインテリア　3.レトロな外観と手入れされた庭木にセンスが光る

お店から一言

おかげさまで今年で44年目。「手を抜かず、既製品なし」がモットーです。今後もご愛顧をお願いします(店主・手塚さん)

とんひろ

浜松市東区　map:P72 E-5

☎053-464-7845
浜松市東区上新屋231-5
11:30~14:00LO
18:00~20:30LO
テーブル34席
火・水曜、日曜ディナー休
P23台

超低温揚げで仕上げる〝白い衣〟のとんかつ

自慢のとんかつの一番人気「上ヒレかつ定食」2300円

固定概念を覆す数々のメニューを求め、全国からファンが訪れる親子丼&とんかつの専門店。自慢のとんかつは、湖西市の銘柄豚とことんポークを使用。濃厚な味わいとすっきりとした後味が特徴だ。世にも珍しい〝白い衣〟は「超低温揚げ」という独自手法のなせる業。肉のうま味をギュッと閉じ込めながら、しっとりジューシーな食感を生み出している。初めて食すなら「ヒレかつ」がおすすめ。少量の岩塩を付けて、肉のうま味に感動しよう。

お店から一言
梅がゆ、冷やし茶漬け、メレンゲのせやポタージュ仕立てなど、季節ごとに登場する個性豊かな親子丼も人気です!(店主・名倉さん)

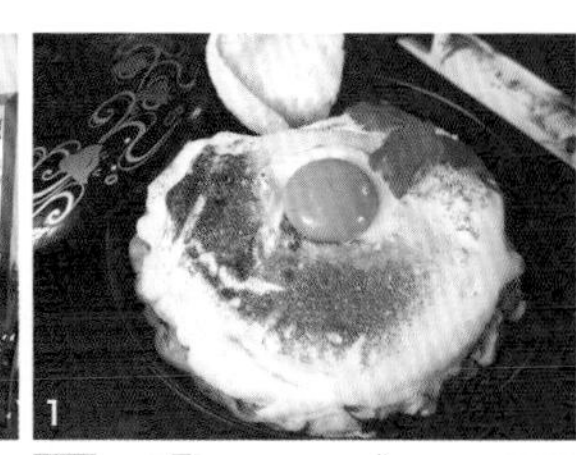

1.メディアで話題になった「白い親子丼 かまくら」1720円　2.女性でも気負いなく足を運べる、洗練された店内　3.こだわり食材と独自の調理法で唯一無二のメニューがそろう

親子丼・とんかつ専門

とん唐てん

とんからてん

浜松市中区　map:P73 D-6

☎053-474-3335
浜松市中区高林2-8-30
11:30～14:00(土日祝除く)
17:30～21:00
カウンター4席、テーブル36席
水曜、第1・3火曜休
P14台(第2Pあり)

農家が手掛ける産直店、お肉には絶対の自信

食肉産業展の銘柄コンテストで味覚部門全国第一位を獲得した、自社ブランド豚の浜名湖そだちを味わえる直営レストラン。保水性のある肉質は、焼肉にしても美味だが、とんかつとの相性も抜群。中はしっとり、外はカラッと揚がる。揚げたてはもちろん、冷めてもおいしいからテイクアウトもおすすめ。つなぎ無し100%のハンバーグも人気急上昇中、オーダーが入ってから焼くため、少し時間はかかるものの、その分のおいしさは太鼓判。市内外からファンが集う理由も納得の味だ。

「ロースかつ定食(大:180g)」1800円
小100gから特大220gまで選べる。ライス・とん汁・サラダ・小鉢付き

1.「とんきいバーグ」1300円。デミソースかポン酢おろしが選べる。ライス・とん汁・サラダ・小鉢付き　2.焼肉、しゃぶしゃぶ、要予約のテラス席ではバーベキューも　3.1Fでは自慢の精肉などを産直販売、お土産にも大人気

お店から一言

安全安心のお肉でおなかいっぱいになってください。250gでボリューム満点のハンバーグは予約も可能ですよ(3代目・鈴木さん)

ミートレストラン **とんきい**

浜松市北区 map:P74 E-3

☎053-522-2969
浜松市北区細江町中川1190-1
11:00〜14:00LO
17:00〜20:00LO
カウンター4席、テーブル44席
水曜休
P50台
PayPay可

シャモ

御前崎産の遠州一黒シャモを逸品料理で召し上がれ

昼はセット「遠州一黒しゃもの土鍋ごはん」1550円、夜は単品1450円

幅広い世代の人が訪れやすいようにという思いから「食堂」を店名に採用し、2016年にオープン。地元の食材を使った料理に定評がある。中でも、御前崎産の高級地鶏の遠州一黒シャモは、独特な弾力と歯応えでうま味が強く、土鍋の炊き込みご飯や、炙りの一手間を加えたタタキなどで味わえる。清潔感のある店内は、天気が良ければ窓が開放され、心地よい風を感じながら素敵な時間を過ごせる。

お店から一言

たくさんの方にお店へ足を運んでいただき、お食事や会話を楽しんでいただけたら幸いです。ご来店お待ちしてます（店主・清水さん）

清水食堂

しみずしょくどう

御前崎市　map：P79 F-5

☎0537-86-9839
御前崎市池新田1823-2
12：00〜14：00
18：00〜22：00
カウンター5席、テーブル18席
月曜休　※不定休あり
P7台
※不定休はSNSでお知らせ

1.ムネ・モモ・ササミ3種類の部位の盛り合わせ「遠州一黒しゃものたたき」1300円　2.オープンキッチンで開放的な店内　3.お洒落な居酒屋としても利用できる

葛城「北の丸」で、海の幸、山の幸、時の幸を気軽に味わってみた。

長屋門をくぐる瞬間から始まる非日常の時間。豪壮な構えの玄関を入ると、太い梁と柱が織りなす、日本建築の粋を集めた和の美しい空間が広がります。

ここ「葛城北の丸」は、歴史ある古民家を移築して誕生した大人のリゾート。宿泊施設ではありますが、昼食や夕食だけを気軽に利用することもできます。

おすすめは旬の味覚を楽しむことができるランチの「遠州北の丸膳」。自然林を生かした日本庭園を眺めながら、広々としたモダンなお食事処でいただきます。

最初に運ばれる前菜にはキッシュが、汁物にはブイヤベースが用意されるなど、和を基本に洋の要素を取り入れた、純和風にとらわれないアイデアあふれる料理が次々に登場。地元の新鮮な旬の海の幸、山の幸がふんだんに使われているのも特徴です。

最後のデザートを味わう頃には、気持ちもおなかも十分に満たされ、「また絶対に来る！」。

そう誓いながら、北の丸を後にしました。

ランチの一例

遠州北の丸膳

お一人様 7,150円(税込)

2020年12月1日～2021年2月28日までの冬メニュー

前菜	北の丸 山海の幸いろいろ
造り	名物 旬魚の吐火羅造り
揚物	旬魚と遠州根菜類の薄衣揚げ
馳走	特選 ブイヤベース
焼物	国産牛ロース肉のオランデーズソース焼き
食事	冬の根菜類の炊き込み御飯
	汁物 香の物
甘味	北の丸特製デザート

お問合せ先

葛城 北の丸

予約センター 0120-211-489

ご予約・お問合せ／受付時間 9:00～18:00

〒437-0121 静岡県袋井市宇刈2505-2

交通アクセス／森掛川I.Cから車で約5分、袋井I.Cから車で約15分

TEL.0538-48-6111(代)

FAX.0538-48-6159

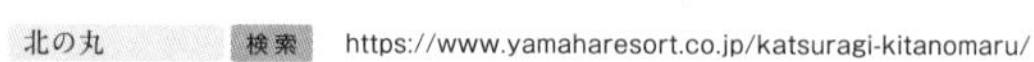

https://www.yamaharesort.co.jp/katsuragi-kitanomaru/

浜松餃子うまいもん

浜松といえば、今やすっかりおなじみとなった「餃子」。餃子の街・宇都宮と1世帯あたりの年間購入額日本一を争うほど、たくさん食べられている餃子大国なのです。浜松餃子の王道スタイルは、少し小ぶりな餃子を円形にぐるりと並べて焼き上げ、その真ん中にゆでもやしを添えること。具材はキャベツと豚肉を中心としたあっさりながらもコクのある味わいが特徴です。とはいえ、ニンニクをガツンと効かせたタイプもあれば、ジャンボなサイズや変わり種などもあって、さすがは餃子を扱う店300軒以上の餃子大国。いつものお店に行くのもいいけれど、たまにはちょこっと冒険してみるのもいいのでは？

餃子

特注の薄皮でうま味餡を包むライトな食べ応え

餃子 中(15個) シンプルな味わいでタレなしでもおいしい。780円

老舗餃子店の2代目店主・田浦さんが大切に守り続けるのは、昭和47年創業時から50年以上、何年経っても変わらぬ味。先代から受け継いだレシピにこだわり、変わらない味を求めて昔から通う常連客も多い。餃子のサイズは一般的だが、皮は特注のものを使用。普通の皮に比べ半分ほどの薄さだから、いくつでも食べられる。昭和レトロなほのぼのと懐かしい雰囲気の店内はカウンターと小上がりがあり、一人から家族まで気軽に来店できる。

お店から一言

先代の意志を受け継ぎ、現在も創業当時と変わらぬお店伝統の味を守り、日々営業を続けています(2代目店主・田浦さん)

喜慕里

きぼり

浜松市南区 map:P71 B-3

☎053-447-5737
浜松市南区増楽町563-3
11:30〜14:20LO
16:30〜20:50LO
カウンター23席、座敷8席
木曜休
P15台

1.冷凍ぎょうざ 1パック(10個) 480円。お店の味を手軽に食べられる人気の一品　2.レトロ感漂う居心地良い店内　3.黄色い看板が目立つ外観

店の代名詞ともいえる看板メニュー「石松餃子定食」餃子10個、ライス、みそ汁、漬物付き。1000円

60年の歴史、元祖浜松餃子。もやしの流儀はここから

昭和28年浜松駅前の屋台で創業。初代店主が口直しや彩り、タレとの相性を吟味して付け合わせたゆでもやしが評判を呼び、今では浜松餃子の象徴になっている。遠州産の豚もも肉、旬の厳選キャベツ、薄手でありながらモチモチとした皮、そして門外不出の特製タレと、伝統の味を守り続ける名店。現在では「羽根つきチーズ餃子(本店限定)」などバリエーションも増え、新たな人気メニューとなっている。

お店から一言

2020年4月、国道152号線沿いに本店をリニューアルオープン。広さ1.5倍になって宴会や女子会にもピッタリです!(店長・松村さん)

石松餃子 本店

いしまつぎょうざ

浜松市浜北区 map:P74 G-3

☎053-586-8522
浜松市浜北区平口252-1
平日11:00〜14:30
　17:00〜20:30
土日祝11:00〜21:30
カウンター8席、テーブル102席
休みなし
P64台
PayPay可

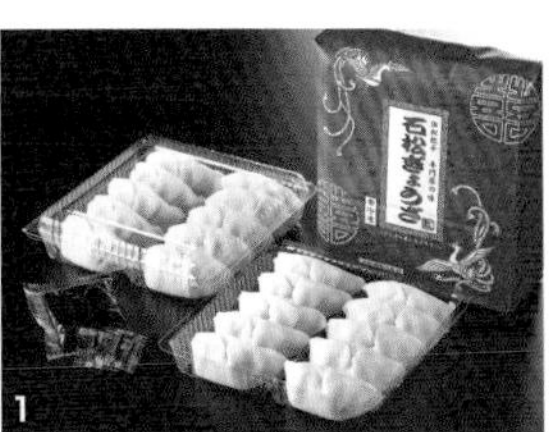

1.家でも名店の味「石松冷凍餃子」20個 1080円。週末には本店だけで200セットも売れる　2.一品料理やご飯ものも充実していて、居酒屋ユースもバッチリ　3.観光バスも止められるビッグスペースがあり、アクセスも便利に

食べ出したら止まらない。オリジナルの「げんこつ餃子」

四半世紀の歴史を持つ、餃子ブームが起こる以前からの人気店。深いコクと甘みが魅力の県内産もち豚を使った餃子は、まさにご当地メニューといえる一品だ。オーソドックスな「浜松餃子」に加え、店主の考案によるボリュームたっぷりオリジナルの「げんこつ餃子」が人気の2トップ。どちらも肉と野菜の甘さ、焼きの香ばしさに食が進む。生・焼・冷凍いずれもテイクアウトOKで、夕食前には一人で50個、100個と買う客の姿も。1日に1000個は売れるという人気も納得の味だ。

ライスはおかわり自由、スープ、漬物付き「浜松餃子定食」(餃子16個)960円

1.塩入れし、甘みを増したキャベツともっちりとした皮が魅力の「げんこつ餃子」6個 660円
2.おいしさはもちろん、おなか一杯になれるコスパも魅力
3.浜松西郵便局目の前、オレンジの建物で地元に親しまれる

お店から一言

当店自慢の「げんこつ餃子」はボリューミーだけど、ジューシーで食べやすいです。「浜松餃子」との食べ比べもぜひ!(店主・山下さん)

餃子の大福

ぎょうざのだいふく

浜松市中区 map:P71 B-2

☎053-457-1169
浜松市中区西伊場町57-15
11:00〜14:00
16:00〜20:00
カウンター7席、テーブル10席
火・水曜休
P7台
PayPay・au PAY・アリペイ可

この道半世紀の技と心 ほっこり餃子と遠州焼

少し大振りだが、キャベツの甘みもありどんどん食べられる「焼餃子」1人前(8個)400円～

お店から一言
地元を中心とした国産素材にこだわってます。餃子、お好み焼き、焼きそばはテイクアウト可能ですよ(店主・財津さん)

たくあんが入った「お好み焼き(肉・いか入)」450円。おやつがルーツとも

印象的で風格のある書は、なんと店主のお孫さんの作

一旦閉店したものの、多くのファンの声で2012年に復活。この道50年を超える店主が、季節によって変わる野菜の水分まで考えて焼き上げる餃子が名物。もっちりかつパリパリとした皮の食感が心地よい。たくあん入りの遠州焼と呼ばれるお好み焼きは、ダシのきいた生地が特徴。餃子とセットでぜひ。

かどや 天竜川店

浜松市東区 map：P72 G-6

☎053-462-7516
浜松市東区天龍川町224
11：00～19：00
カウンター5席、テーブル8席、座敷8席
火・水曜休　※月1回3連休
P12台

新開発の餃子は遠州産 キクラゲの食感がポイント！

具材の配合にこだわった「遠州の餃子」(7個)495円

つけ麺で有名な同店だが、餃子の評判もピカイチ！「7福神餃子」や「さくら餃子」など常時8種類もの餃子をそろえる。「ぐるぐるマップ」のリニューアルを記念して開発したのは、人気No.1「さくら餃子」をさらに進化させて遠州産のキクラゲを使用した「遠州の餃子」。コリコリ食感のキクラゲが醸し出す上品なうま味がアクセントの自信作。

お店から一言
季節ごとに登場する限定つけ麺も人気。特に6～8月上旬に登場する「森町のつけ麺」は連日行列になるほど(代表取締役・内藤さん)

つけ麺・らーめん 7福神 森町本店

しちふくじん

森町 map：P79 G-3

☎0538-49-3627
周智郡森町飯田1867-1
11：30～14：00、18：00～22：00 ※日曜17：30～
カウンター11席、テーブル8席、座敷10席
火曜、水曜の昼休
P10台(第2Pあり)

CARD

開店18年目を迎えた森町を代表するつけ麺・ラーメン店

卵黄を絡めていただく「つけ麺 しお(中)」913円

57年間こだわる味の決め手はキャベツ！

ごま油の風味も豊かな餃子 特大（20個）1200円

昭和37年創業、浜松駅南口から徒歩圏内の老舗餃子店。清潔感のある店内はカウンター、テーブル席、座敷があり、女性一人でも入りやすい雰囲気だ。キャベツのしっかりとした甘みが特徴の餃子は、長年付き合いのある青果店が目利きする良質なキャベツを、餃子職人歴51年を誇る店主の近藤さんが丁寧に仕込む。季節によりキャベツの状態も変わるため、毎日仕込み方を変化させ、常に同じ味を作り続けることにこだわっている。

お店から一言

キャベツの品質を見極め、51年毎日仕込みをやっています。甘みのある懐かしい餃子を食べにご来店ください（店主・近藤さん）

1.Bセット（餃子8個・半ラーメン・ごはん）昼890円、夜990円　2.店内の女性用トイレにはオムツ替え台も完備　3.外待ち客のための屋根付き軒先

むつぎく

浜松市中区　map：P74 G-6

☎053-455-1700
浜松市中区砂山町356-5
11：30～14：00LO
17：00～20：30LO
※売り切れ次第終了
カウンター6席、テーブル17席
座敷13席
月曜、第2・4火曜休　※第1・3火曜はランチのみ営業
スマホ決済可

タレなしでもおいしい餃子が好評
※現在はテイクアウトの生餃子のみ販売

お店から一言
一般的な浜松餃子とはちょっと違う、パンチのある味わいを試してみてほしいニャン♪（アイドル看板猫・みけこ）

10個から販売する持ち帰り用の「生餃子」450円～

天竜川堤防沿いの住宅街の一角。"かめ"の看板が目印

素材と姿勢で違いを生み出す浜松餃子の名店

数ある浜松餃子の中でも「甘くて濃い味」で知られる店。餡は磐田産キャベツと青森産ニンニクという甘みの強い食材をふんだんに使い、「味の９割を決める」という塩加減と水気の搾り具合に細心の注意を払う。そんな餃子に対するあくなき姿勢が、他店では真似できない味の秘訣。

餃子の店　かめ

浜松市東区　map：P72 H-5

☎053-421-0798
浜松市東区中野町1030-1
10：00～売り切れ次第終了
月曜、第3火曜休
P6台

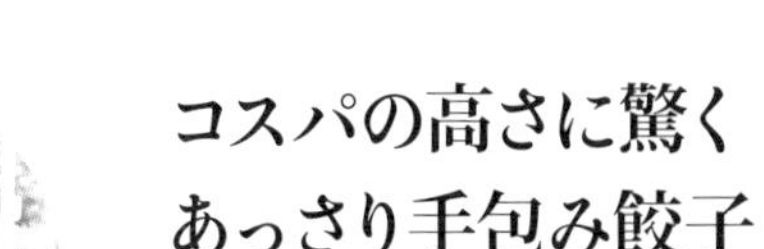

コスパの高さに驚くあっさり手包み餃子

皮はもっちり、焼き面はサクッ。「子どもに合わせた味」というニンニク控えめのあっさり餡も、幅広い層に支持される理由だ。200円から食べられるリーズナブルさも魅力。店主が毎日手包みする餃子は、品質を保つために決まった量しか作らない。きれいな黄金の焼き色に丁寧な仕事ぶりがうかがえる。

あっさりで食べやすい「餃子」1人前（6個）200円

お店から一言
安くておいしく、いっぱい食べても重くならない餃子づくりを心がけています（店主・砂子さん）

常連客の定番めし。味は濃いめ。「スタミナ飯」550円

持ち帰り用生餃子も販売。ドライブスルーでも買える

餃子の砂子

ぎょうざのすなこ

浜松市東区　map：P72 F-3

☎053-434-5222
浜松市東区有玉北町1589
11：30～売切れ次第終了
テーブル16席、座敷6席
月曜休
P8台

湖西丼

浜名湖ファームの「うずらの卵」は
遠州灘産しらすと相性抜群！
安心、安全、おいしさにこだわったら、
ご当地どんぶり、
「湖西丼」が、誕生しちゃいました。

ここで食べられます

浜名湖ファームのうずらの卵と湖西産のお米「にこまる」、新居港で水揚げされるヤマサ水産のしらすがセットになった湖西丼（しらす丼）830円は、道の駅「潮見坂」で販売中。

浜名湖ファームが極めた「うずらの卵」とは…

小さなひな鳥の時から丈夫な体づくりを

「病気に強い元気なうずらを育てたら、うま味は濃いのにスッキリした味わいのおいしい卵ができました」。

そう語るのは、湖西市でうずらの卵を生産・販売する「浜名湖ファーム」代表の近藤哲治さんです。近藤さんは「元気なうずらを育てるには、空気と水とエサ。その3要素がとても大切」と言います。

浜名湖が育む「澄んだ空気」と湖西連峰のミネラルを含んだ「新鮮な井戸水」、そして乳酸菌や酢酸菌など「善い菌がたくさん入ったエサ」。浜名湖ファームではこの3要素にこだわり、小さなひな鳥の段階から丈夫で健康な体づくりを行っています。

発酵の力が作る安心安全なうずらの卵

特にエサに関しては、腸内環境を活性化させ、病原菌への抵抗力を高める手作りの発酵飼料（米ぬかやふすまを使って乳酸発酵させた飼料）を採用。その発酵の力によって、抗生物質や殺菌剤に頼ることなく、病気に強い元気なうずらが育ち、安心・安全でおいしい卵が生まれるのです。

「うずらの卵特有の臭みを乳酸菌が分解することで、生で食べても臭みのない、うま味たっぷりの卵になりました。病気に強い健康なうずらを育てようとした結果、おいしい卵を作り出すことにもつながったのです」と語る近藤さん。

うずらの卵は小さいながらも栄養価が高く、ビタミンA、ビタミンB2、葉酸、鉄分を多く含み、中でも貧血、めまいを予防する効果のあるビタミン12は鶏卵の約5倍と豊富に含まれています。夏バテや風邪予防にも効果的なうずらの卵を、皆さんも普段の食生活に取り入れてみてはいかがでしょう。まずは、ぜひ一度召し上がってみてください。

お求めはこちらまで

浜名湖ファーム
静岡県湖西市白須賀5991 TEL.053-579-0501
https://hamanako-f.stores.jp
浜名湖ファーム 検索

浜名湖ファームオンラインストア
「命のカプセル（うずらの生卵）」1パック10個入り
お試し小2パック（20個）400円、中18パック（180個）3,600円、大30パック（300個）6,300円。※5,000円以上購入で送料無料

まだまだあるよ
うまいもん

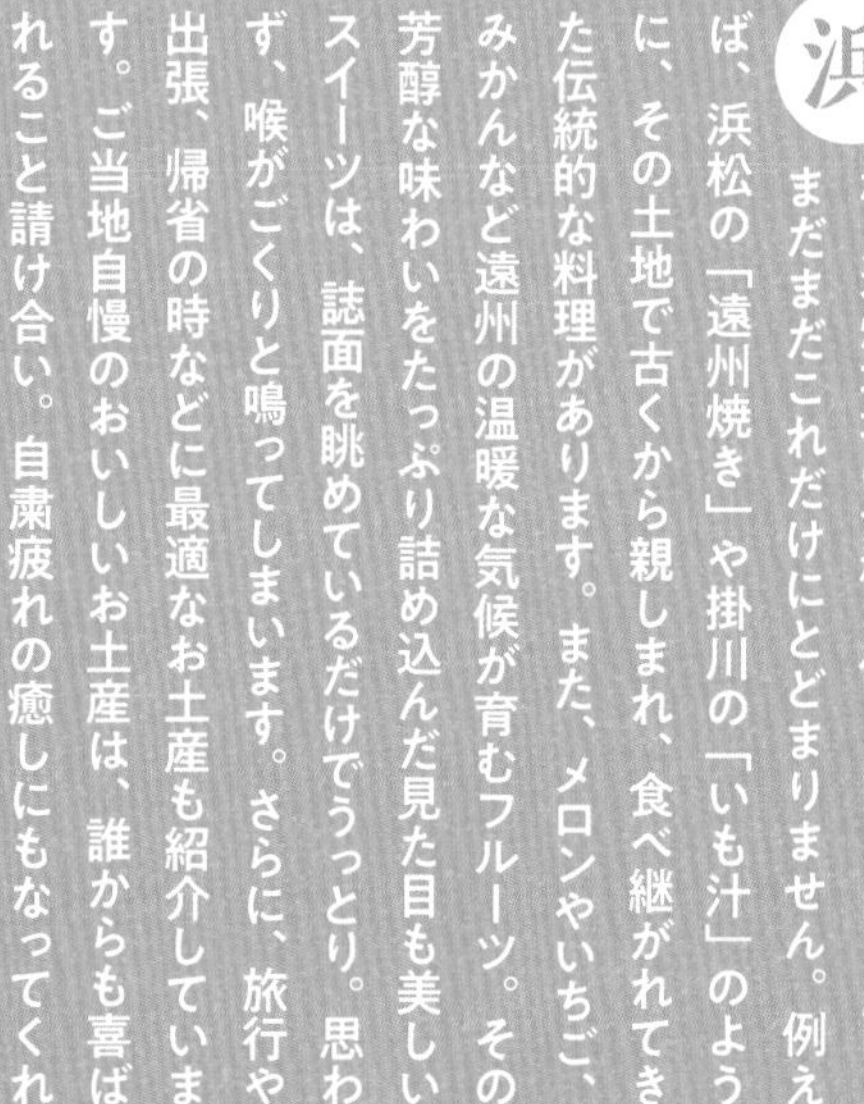

浜松・遠州地域の食材を使ったうまいもんは、まだまだこれだけにとどまりません。例えば、浜松の「遠州焼き」や掛川の「いも汁」のように、その土地で古くから親しまれ、食べ継がれてきた伝統的な料理があります。また、メロンやいちご、みかんなど遠州の温暖な気候が育むフルーツ。その芳醇な味わいをたっぷり詰め込んだ見た目も美しいスイーツは、誌面を眺めているだけでうっとり。思わず、喉がごくりと鳴ってしまいます。さらに、旅行や出張、帰省の時などに最適なお土産も紹介しています。ご当地自慢のおいしいお土産は、誰からも喜ばれること請け合い。自粛疲れの癒しにもなってくれそうです。自分へのご褒美にも、ぜひどうぞ!

遠州焼き

ensyu-yaki

遠州焼きとは、浜松を中心とした遠州地域で食べられている昔ながらのお好み焼きのこと。細かく刻んだたくあんを入れ、薄く焼き上げるのが特徴です。戦後の食糧難時代に地元特産のたくあんを使ったことがルーツとされ、今なお地元民に愛され続けています。

初めてなのに懐かしい。親子3世代が集う店

お店から一言

親子で切り盛りしています。里帰りのお客様と思い出話に花が咲くこともたびたび。お気軽にお越しください(店主親子・左:山口さん、右:石津谷さん)

実家みたいにくつろげるアットホームな雰囲気

ボリューム満点のおやつ「遠州焼き」450円

ソースの匂いが広がると、おばあちゃんも赤ちゃんも待ちきれない様子で鉄板をのぞき込む。ぬのはしの遠州焼きは2種類のたくあん入り。塩気の強いものは細かく刻んで、甘めのたくあんはゴロゴロと大ぶりに。キャベツや卵などの具とともに栄養満点の昭和のおやつが焼き上がる。また、年中食べられるかき氷はフワフワ食感で人気。いちご、レモン、ソーダとミルクシロップをかけた「バラエティ」は50年前に地元高校生が発案したオリジナルメニューだ。

お好み焼き **ぬのはし**

浜松市中区 map:P73 C-6

☎053-473-1821
浜松市中区布橋2-10-3
10:30〜18:00(17:30LO)
カウンター2席
テーブル9席、座敷9席
水曜休
P6台

路地を入った左手に建つ店は青いのれんが目印

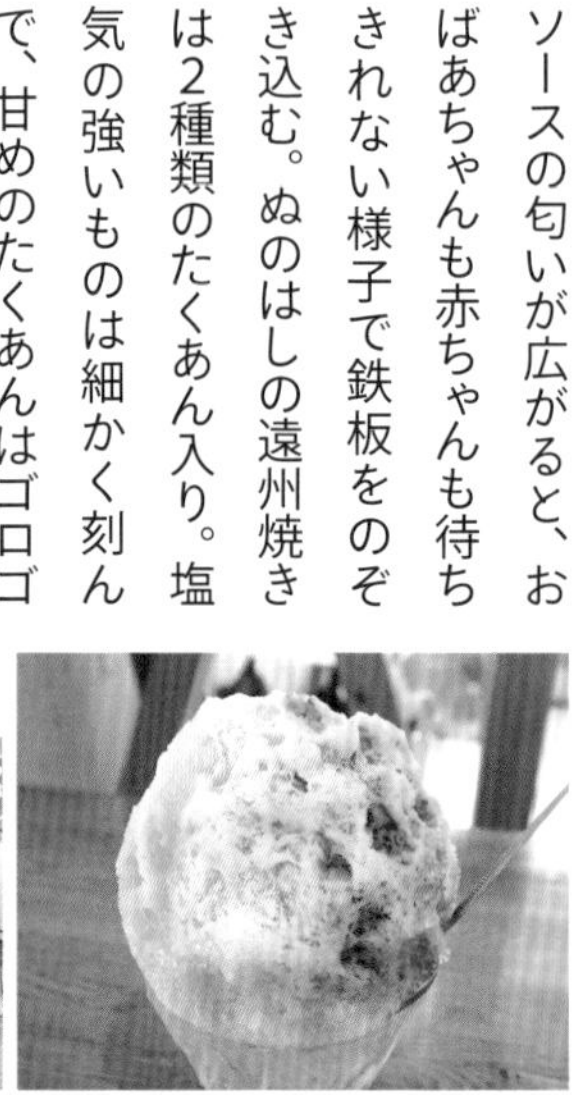

多彩な味で食べ飽きない「バラエティ」450円

生地と調理法を追求した絶品の遠州焼き

店主が高校時代から研究を重ねた生地は、コクがあるのにふんわり軽い口どけで、驚くほど柔らか。焼き方やひっくり返すポイントが難しいので、全てのメニューを店側で焼いて提供するスタイルだ。合わせるソースは地元産「トリイソース」。

お店から一言
店主が趣味で制作する針金アートもぜひご覧ください。Youtubeで制作過程を公開中です(【水曜男】で検索)(店主・杉山さん)

「山芋の串揚げ風」150円(一本)はうなぎのタレで味付け

昼は「彩ランチ」610円～などセットランチがお得！(土日祝除く)

魚介がゴロゴロ入った「遠州焼き ミックス」1000円

お好み焼き工房 こはち亭
こはちてい

浜松市南区 map：P70 H-1

☎053-425-4762
浜松市南区飯田町1422
11：30～14：30
(14：00LO)
17：30～19：30
※夜はテイクアウトのみ
カウンター4席、テーブル4席、掘りごたつ座敷12席
水曜休　P7台

たくあん入り遠州焼き自分で返す楽しさも

たくあん、ネギ、卵、キャベツを使った定番の遠州焼きを三つ折りにして提供。生地に味付けがしてあるのでそのままでも食べられるが、しょうゆまたはソースをかければ、一層香ばしく。一味唐辛子をかけても美味。人気の「ミックス」はお肉がひき肉かバラ肉が選べる。バラ肉なら後乗せでカリカリに焼くのがおすすめ。

「田舎焼」780円。大サイズは950円

一面ガラス張りの窓からは町中が見下ろせる

豚肉、イカ、桜エビなど入り「ミックス」900円

お店から一言
お好み焼き、もんじゃ焼き、焼きそばなど、ご用意しています。焼き慣れない方はお手伝いもしています(店主夫婦・中条さん)

とらや

浜松市中区 map：P74 F-5

☎053-454-1710
浜松市中区肴町316-36
12：00～21：00
※臨時短縮営業あり
テーブル33席
月・火・水曜休(いずれも祝日の場合は営業)

おもろ

omoro

磐田名物「おもろ」は、豚足をしょうゆで柔らかく煮込んだ郷土料理。仕上げに表面を軽く炙ったり、唐揚げにしたりするお店も。現在では町おこしの一環として、おもろを具材に使う「おもろカレー」を提供するお店も多く、人気を呼んでいます。

コラーゲン豊富な「おもろ」をカレーで味わう

磐田名物おもろを使った「豆おもろカレー」1230円

お店から一言

当店のヘルシーなカレーでスパイスチャージして、元気に過ごしていただけたら幸いです！（スタッフ・小林さん）

落ち着いた和の装いの店舗

多くのカレーメニューに地場産の野菜などを取り入れている個性的な店。有機栽培の米こうじを使った自家製甘酒スイーツなどヘルシーメニューもある。２００４年オープン。12年前に磐田市で始まったプロジェクトからご当地グルメ「おもろカレー」が誕生した。コラーゲンたっぷりで女性ファンも多い。店内にはステージが設けられ、小さな音楽ライブを不定期で開催。カレー好きはもちろん、ロック好きも集まる。

R食堂 IWATA CURRY

あーるしょくどういわたかりー

磐田市　map：P76 F-2

☎0538-33-8383
磐田市富丘182-3
11：30～13：30LO
18：00～20：00LO
カウンター4席、テーブル16席
火曜、水曜休
P8台

スパイスの香りが漂う店内

10種類以上の野菜たっぷり「カレーブッダボウル」1300円、有機米こうじで作る「甘酒レモンラッシー」550円

いも汁

imojiru

掛川周辺で食べられてきた「いも汁」は、特産の自然薯を皮ごとすりおろし、鯖ダシのみそ汁を足しながら伸ばしたもの。昔から自然薯の収穫が始まる秋になると、親戚や友人たちが集まっていも汁を囲む「いも汁会」が各所で開かれます。

収穫までに6年。最高級自然薯は希少食材

平日限定の「揚げとろランチ」2000円

お店から一言

国内で取り扱いが少ない希少な自然薯は絶品!お気軽にお立ち寄りください。お待ちしております（店主・天野さん）

週末はツーリング客の利用が多い

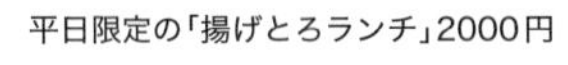

白壁の蔵屋敷風の外観が目を引く、1990年創業のとろろ汁専門店。店内は落ち着いた座敷が広がり、ゆっくりとした時間が過ごせる。品種改良のない日本原産種の本物のとろろ汁を味わえる珍しいお店とあって、全国から定期的に訪れる常連も多く、幅広い年齢層から支持されている。とろろ汁で使う自然薯は、専属農家へ栽培を依頼し、6年間も土に寝かせて収穫。年間収穫量が少ない貴重な超一級品が味わえる。

常連客がくつろぎながら食事を楽しむ広々した座敷

自然薯本来の味を堪能「自然薯とろろステーキ」単品2500円

掛川いも汁処 とろろ本丸

とろろほんまる

掛川市 map：P78 F-2

☎0537-23-8811
掛川市南2-14-2
11：00〜13：30
17：00〜19：30
カウンター2席、座敷30席
水曜、月・火曜夜、不定休
P20台　スマホ決済可

たまご ふわふわ

tamago fuwafuwa

江戸時代に東海道袋井宿で、朝ごはんに出されていた料理を袋井のご当地グルメとして再現。ダシを張った土鍋を火にかけ、沸騰したらよくかき混ぜた卵を入れて蒸らすだけ。シンプルながら、その名の通りふわふわな食感が魅力の一品です。

江戸の史料をもとに再現した宿場町の味

文献にも名が残り、江戸時代に袋井宿で名物料理として振る舞われていた郷土の味。どまん中特製「玉子ふわふわ」は、店主・髙橋さんが何度も試行錯誤を繰り返し再現した自慢の逸品だ。主な材料は卵とカツオダシ。土鍋のふたを開けるとまるでシフォンケーキのように卵が膨らみ、口に入れると上品なダシの風味と泡のように溶けてしまう不思議な食感が楽しめる。ほんのり香る山椒と静岡茶も卵のやさしい味を引き立てている。

しっかりと卵を泡立てることでふわふわの仕上がりに

お店から一言

心もおなかも温まる玉子ふわふわを求めて全国からご来店いただいています。江戸時代の旅人気分で味わってみてください（店主・髙橋さん）

家庭料理を手ごろな値段で。アットホームな雰囲気も人気

16種類ものスパイスで煮込んだ豚足「骨まで愛して」660円

卵とだし汁のハーモニーが魅力の「玉子ふわふわ」385円

居酒屋　どまん中

どまんなか

袋井市　map：P77 B-3

☎0538-43-8858
袋井市袋井314-6
17：30～24：00
カウンター10席、座敷8席
月曜休
P8台

三方原じゃがいも

potato

大正初期に導入され、浜松の三方原台地を中心に浜名地域で生産されている「三方原馬鈴薯」。三方原の赤土で育つ馬鈴薯は、肌がきれいで甘みがあり、ホクホクした食感が特徴。高品質な馬鈴薯として全国で高い評価を受けています。

住宅街のとっておき！大人気創作イタリアン

お店から一言

自分がおいしいと思ったものはみんなにも食べてもらいたいですね。そば粉を練りこんだ「SOBAパスタ」も人気急上昇！（店主・野々尻さん）

じゃがいもと辛めのオイルがマッチした「ベーコンとじゃがいものペペロンチーノランチセット」1430円

オープン以来の赤い外観は移転してもお店の目印

都田から移転して3年が経ち、今や住宅街・半田山のオアシスとなっている店。三方原馬鈴薯をはじめ素材は地元産を積極的に活用。ミートソースには奥浜名湖の竜神豚と引佐の峯野牛などを使い、素材の風味が活きたコクのある味わいに仕上げる。ディナーは、イタリアンをベースに和のテイストを織り込んだ料理を用意。ワインのほかにハイボールやサワーなど豊富にそろえている。おいしさとシェフの人柄に惹かれて、今日も店内に楽し気な声が響く。

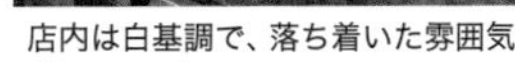

店内は白基調で、落ち着いた雰囲気

牛乳と生クリームで煮たじゃがいもが肉のうま味を引き出す「じゃがいもとミートソースのグラタン」990円

創作ダイニング DAIDOCORO

だいどころ

浜松市東区　map：P72 E-3

☎053-443-7247
浜松市東区半田山1-9-5
11:00〜14:30
(14:00LO)
18:00〜22:00
(21:00LO)
カウンター6席、テーブル18席
火曜休　※他不定休あり
P18台

ピザにもパスタにも地元食材をふんだんに

地元産の野菜をふんだんに使用したメニューが自慢。三方原馬鈴薯も主役食材の一つだ。ゆでる・蒸す・焼くなど、調理法によって食感が微妙に変化するので、メニューに合わせて加熱の仕方を変えている。旬の時季になると、メイン料理とピザバイキングのセットの中に三方原馬鈴薯メニューが登場することも。

「三方原馬鈴薯のフリット＆ビーフステーキ」1848円

デザイナーズ家具を散りばめたこだわりの空間も◎

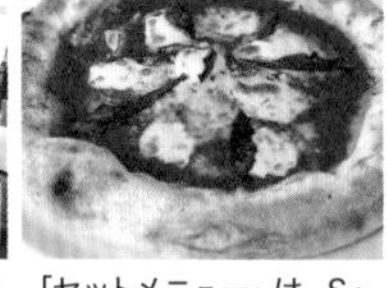

「セットメニュー」は、S・M・Lから選べる。1018円～

お店から一言
自慢のピザはオリジナルの生地をこだわりの石窯で一気に焼き上げています。テイクアウトもOKですよ（店長）

イタリアンダイニング＆カフェ poeta 入野店

ポエータ

浜松市西区 map：P71 A-2

☎053-440-5828
浜松市西区入野町16334-1
11：00～15：00（14：30LO）
17：30～21：30（21：00LO）
※土日祝前日～22：00（21：30LO）
テーブル50席、個室4席
無休　P17台

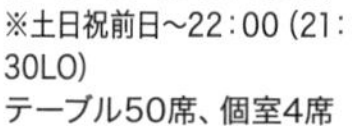

惚れ込んだのは、地元が誇る新鮮なモノ

プリムールはフランス語で「新鮮なモノ」という意味。その名の通り、旬の素材の良さをシンプルかつ最大限に引き出すフレンチが魅力だ。使用する野菜、魚はほとんどが浜松産。地元の名産・三方原馬鈴薯についても「バターを入れなくても素晴らしいピューレになる」と積極的に取り入れている。

お店から一言
浜名湖と三方原大地の恵みをたっぷり盛り込んだ、地産地消のやさしいフレンチをご堪能ください！（オーナーシェフ・山田さん）

瞬間燻製を施したノルウェーサーモン。芳香が食欲をそそる

ランチは1680円～、ディナーは3000円～

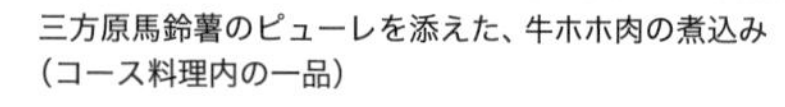

三方原馬鈴薯のピューレを添えた、牛ホホ肉の煮込み（コース料理内の一品）

La Saison des Primeurs

ラ・セゾン・デ・プリムール

浜松市北区 map：P73 C-1

☎053-438-2125
浜松市北区三方原2159-3
11：30～13：30LO
18：00～20：00LO
※予約優先
テーブル24席
月曜、第2日曜休
P20台（共同）

地元農家から直接仕入れる自慢のじゃがいもをホクっと
「三方原じゃがいもコロッケ」定食1000円　※5〜8月販売

素材の味が活きている手作りメニューの数々

1974年に創業し、浜松市内に3店舗を構えるレストラン。大山店は、姫街道が走る自然豊かな三方原大地にあり、三方原馬鈴薯はもちろん、葉物野菜、魚介、米なども遠州産を使う。素材のおいしさを最大限に引き出すシンプルな味付けで、ソースや付け合わせなども手作りにこだわり、手間をかけて仕込んでいる。じゃがいもの香りがふわっと広がるコロッケは、売り切れ御免の看板メニュー。地元から愛される味を生み出し続けている。

お店から一言

注文を受けてから作ります。できたてをぜひ！お弁当やサンドイッチなど、麺以外は、テイクアウトOKですよ（店主・近藤さん）

カントリーレストラン
こくりこ 大山店

浜松市西区　**map：P73 B-1**

map：P73 B-1

☎053-420-3030
浜松市西区大山町3806-2
10：00〜21：00（20：00LO）
月曜のみ〜15：00（14：00LO）
カウンター4席
テーブル30席
火曜休
P15台
PayPay可

自然あふれる三方原に建つ、南欧風の店舗

古民家の木材を再利用した、ナチュラルな雰囲気が漂う店内

浜名湖直送の大ぶりな牡蠣、外はカリッと中はトロトロ「浜名湖産カキフライ」単品1150円　※11〜3月販売

スイーツ いちご

strawberry

遠州灘に面した地域を中心に、主に「章姫」と「紅ほっぺ」2品種が栽培されている遠州地方。大福やパフェ、ケーキなどスイーツの素材としてもおなじみで、幅広い世代に人気の果物です。12月頃から5月頃まで、いちご狩りも楽しめます。

地元食材を活かした大人が喜ぶ西洋菓子

「いちごプリン」は時価。参考価格432～540円

日本にフランス菓子を広めたといっても過言ではない故アンドレ・ルコント氏を師とする石井シェフが生み出すのは大人が喜ぶフランス菓子。写真は県内産の章姫をたっぷり使用。プリン生地の卵は遠州産を選び、滑らかな口当たりに仕上げている。（11月～6月の期間限定）。通年通して人気なのは生チョコ。「小さなハート」はローストしたアーモンドの香ばしさが魅力。店内には味、香り、口当たりと三拍子そろったスイーツが並び、多くの大人が魅了されている。

お店から一言

30年以上のご愛顧に感謝しております。バースデーケーキやお祝い用ケーキのご予約も承ります（シェフ・石井さん）

クッキーやレモンケーキなどギフト用の焼き菓子も豊富

浜松バレンタイン

はままつバレンタイン

浜松市中区　map：P71 B-2

☎053-449-4909
浜松市中区佐鳴台3-37-12
10：00～19：00
水・木曜休
P10台

佐鳴台レモンストリート沿い。駐車スペースも広々

20年以上人気の「小さなハート」12個入864円

旬のいちごを満喫できる 果物店のぜいたくパフェ

旬にこだわる果物店ならではの、新鮮フルーツをふんだんに使ったメニューが特徴。中でも「フルーツが主役」と言い切るパフェは、圧倒的なボリュームに心が躍る。イチオシは「季節のいちごパフェ」。その時々の食べ頃いちごが楽しめ、見た目もとにかく華やか。遠州産紅ほっぺは2～3月に登場。

お店から一言
四季折々のフレッシュなおいしいフルーツを味わいながら、楽しい時間を過ごしてください（店主・松本さん）

鉄板スイーツの「イチゴのフレンチトースト」1500円

老舗果物店「まつもとフルーツ」2階。ランチも人気

底までフルーツぎっしり。「季節のいちごパフェ」時価

フルーツパーラー TRE・PINI

トレピーニ

浜松市中区 map：P71 C-2

☎053-454-4088
浜松市中区鴨江2-51-16
9：30～18：00
テーブル25席、テラス6席
無休
P18台

わくわくがあふれる感性 地元の素材が見事に昇華

シェフが大切にするのは「季節感とコントラスト」。甘みの中のわずかな酸味や塩味、ふわっとしたスポンジ、ナッツの食感など、「少しのアクセントが素材の持つ味わいを引き出してくれる」と話す。写真はいちごの風味があふれるサクッとしたビスキュイと、ピスタチオのクリームが見事に融合したスイーツ。

「シャルロットフレイズ」にも、もちろん地元産のいちごを使用。514円※12月～5月販売予定

ケーキは常時30種、焼き菓子は20種、奥にはイートインスペースも

高糖度の森町「甘々娘」に焦がし醤油のカラメルがアクセント。「とうもろこしのプリン」486円　※夏季販売品

お店から一言
チョコやマジパン細工のオーダーメードケーキも好評。記念日や、ちょっとうれしい日にどうぞ（シェフパティシエ・幸田さん）

パティスリー La Vérité

ラヴェリテ

浜松市西区 map：P71 A-1

☎053-485-3022
浜松市西区大平台3-11-14
10：00～19：00
テーブル8席
火曜と第1第・3月曜休
P6台
PayPay可

スイーツ
メロン
melon

太陽の光に恵まれた遠州地方は、全国有数のメロン産地。南面が大きいガラス温室で、地面から離した土壌に1本の木から1つの実だけを残し、大切に育てることで、糖度・品質ともに最高峰といわれるマスクメロンを生産しています。

最高の食べごろの完熟メロンをたっぷりと

お店から一言

一つひとつ愛情を込めて育てた食べごろメロンをご用意しています。のんびりとくつろぎながらどうぞ(カフェ店長・名倉さん)

メロンを敷き詰めた「メロンタルト」462円は10〜3月限定

半玉まるごと！芳醇な香りを放つ「ハーフカットメロン」Sサイズ1485円

緑に包まれたのどかなメロン農場内のカフェ。良質な地下水と日差しを浴びてすくすく育った最高級のマスクメロンは、上品な甘さとコクがありジューシー。溶けるような舌触りとさっぱりとした後味も特徴だ。メロンそのものを存分に味わうなら「ハーフカットメロン」を、カットメロン、シャーベット、ジュースなど少しずつぜいたくに賞味するなら「メロンのフルコース」(1370円)がおすすめ。食べ頃に熟した香り高いメロンに思わず笑顔がこぼれるはず。

ガラス温室を改装したカフェ空間。居心地の良さも抜群

女性に人気が高い「メロンパフェ」1045円

名倉メロン農場
fruit cafe NiJi
フルーツカフェニジ

袋井市　map：P77 D-6

☎0537-48-5677
袋井市山崎4334
10：00〜17：00
テーブル30席（屋外のテラスを含む）
土・日・祝日のみ営業（平日の利用は要予約）
ショップは不定休
※メロンの収穫状況により営業日が変わることもあるので要確認
P15台

袋井産最高級マスクメロンを まるごとジェラートに

濃厚な舌触りながらさっぱりとした甘さ、鼻孔をくすぐる香りの高さが感動もののクラウンメロンのソルベ。お茶、いちご、トマト、メロンなど旬の地素材はもとよりミルクや卵など原料も厳選。香料や保存料などは使わず、子どもからお年寄りまで安心して食べられる。毎朝手作りするジェラートで自然の恵みを堪能しよう。

氷菓処　じぇらーとげんき

袋井市　map：P77 B-1

☎0538-43-7766
袋井市久能2952-1
10：00～17：00
カウンター16席(外ベンチあり)　木曜、第3水曜休（祝日は営業）　P12台
※シングル～トリプル注文で、希望のジェラート（少量）がおまけに

お店から一言
素材の味を引き出すよう極力シンプルに作っています。ジェラートは出来たてが一番。ぜひ食べにきてください（店主・木村さん）

可睡斎の牡丹の花を使った「可睡ぼたん」シングル430円

創業29年、可睡斎の門前にあり老若男女に愛されている

メロンそのものの味が楽しめる「クラウンメロンソルベ」シングル430円

完熟メロンの甘さ際立つ フルーツサンド

創業50余年の果物専門店に併設されたカフェ。人気の「フルーツサンド」は大きくカットしたフルーツにホイップをたっぷりイン。店頭に並ぶ最も食べ頃のフルーツを使うため具材は日ごと変わる。その中で定番といえるメロンは主に静岡県産マスクメロンを使用。柔らかな果肉と染み出る果汁の甘さが極上の逸品だ。

えびすやフルーツ　えびすや＋（プラス）
えびすやぷらす

浜松市東区　map：P72 G-1

☎053-434-6668
浜松市東区西ヶ崎町153-3
10：00～18：00
テーブル12席、テラス4席
火曜休
P10台
PayPay可

お店から一言
果物店として季節感を大切に、フルーツのおいしさが伝わるメニューを用意しています（店主・笠原さん）

「カットフルーツBOX」2000円～（要予約／２日前）

県西部中心においしい果物を取りそろえる

ホイップとの相性抜群な「メロンのフルーツサンド」700円

スイーツ みかん

Mandarin orange

奥浜名湖で盛んに栽培されている浜松を代表する果物・みかん。中でも「三ヶ日みかん」は全国ブランドとして知られ、程良い甘さと酸味のバランスが絶妙。骨の健康に役立つ成分が含まれていることから、消費者庁の機能性表示食品にも認定されています。

和洋菓子からパンまで、素材を厳選して活かす

無農薬栽培の三ケ日みかん、近江の羽二重餅粉、帯広の白豆「姫手亡」と素材にもこだわる「みかん最中」1個 192円

創業135年、5代にわたり地元に愛される和洋菓子の老舗。70年超の歴史を誇る「みかん最中」は、国内線ファーストクラスの機内食にも採用されている店の代名詞。無農薬で栽培されたみずみずしい三ヶ日みかんの酸味と甘さを、餡の中に閉じ込めた逸品だ。口に入れると、溶け出した最中とみかんの風味が絶妙なハーモニーを奏でる。地元素材をふんだんに使った洋菓子やベーカリーもあり、地元ファンのみならず、観光客やネットショップでも高い人気を誇る。

お店から一言

三ケ日みかんの魅力を活かしたお菓子を取りそろえています。みかんを練りこんだパウンドケーキ「みかん娘」もぜひ(5代目・松嵜さん)

慶事や法事のお供にも欠かせない地元に親しまれる名店

和洋菓子司　入河屋

いりかわや

浜松市北区　map：P75 B-3

☎053-525-0902
浜松市北区三ヶ日町
下尾奈83-1
9：00～18：00
水曜休
P6台
PayPay・D払い可
※イートイン休止中

風光明媚な奥浜名湖畔のドライブルート沿いにある店舗

和洋の人気アイテムをそろえた、国内線機内食採用記念の人気セット。「ファーストクラスセット」各8個入 3564円

遠州の果実香る焼き菓子は手土産にも最適

三ヶ日みかんがたっぷり入った焼きドーナツは、店主の"地元素材を使ったお菓子を作りたい"との想いから生まれた「ぐるっと」シリーズのひとつ。生地はしっとり、果実のさわやかな風味が口いっぱいに広がり、心地良い甘さを味わえる。三ヶ日みかんのマカロンも人気の高い定番商品だ。

お店から一言
イートインスペースもあり、ドリンク注文もできます。ぜひご利用ください(オーナーパティシエ・輿水さん)

「気まぐれデセール」450円

生菓子は季節ごとに新作が登場。焼き菓子は約30種類

「マカロン 三ケ日みかん」各150円、「ぐるっと 三ケ日みかん」各170円

Cuite D'or
キュイドール

浜松市西区 map:P75 D-6

☎053-489-3263
浜松市西区雄踏2-19-23
10:00~19:00
テーブル6席、テラス4席
火曜休、月2回不定休
P10台
プリペイド型電子マネー可
※オリジナルバースデーケーキ、アレルギーケーキにも対応

三ヶ日みかんの魅力を凝縮した手作り加工品

みかん農家が手がける土産と喫茶の店。三ヶ日みかん加工品を多数取りそろえる。「農園の恵み」は12月~2月下旬に収穫される「青島」を使った果汁100%の無添加ジュース。熟成貯蔵し、最も食べ頃になったみかんを手むき、手搾りで作り上げる。素材独特のコクと甘さをそのまま味わえる逸品だ。

香り豊かな無添加ジュース。「農園の恵み」250円~

昭和初期の古民家を改装した趣のある建物

「三ヶ日みかんマーマレード」540円

お店から一言
三ヶ日みかんを使ったカレーやかき氷(夏季限定)も楽しめます(店主と三ヶ日生まれのキャラクター・ミッカビー)

みかん工房
みかんこうぼう

浜松市北区 map:P75 B-2

☎053-524-4155
浜松市北区三ヶ日町三ヶ日276-1
10:00~16:00
テーブル20席、座敷4席
不定休
P2台 ※7~8月は4台
スマホ決済可

お茶

tea

日本一のお茶処、静岡県。遠州でも掛川茶や天竜茶などさまざまなお茶が生産されています。地元産のお茶や、お茶を使ったスイーツが味わえるカフェが多いのもお茶処ならでは。心和むひと時が過ごせます。

つゆひかりショコラテリーヌの絶品パフェ

お茶と相性抜群なつゆひかりパフェ(写真手前右)。750円

創業70年の歴史があるお茶問屋が手掛ける、ショップ&和カフェは2017年にオープン。広々した店内には、オリジナルブレンド茶や暮らしを楽しくするお茶雑貨・食品の物販スペースがある。カフェでは、厳選した地元遠州の食材を使用した料理を提供。御前崎茶ともうたわれるつゆひかりを使ったスイーツも人気。渋みが少なく、茶葉のうま味・甘味が際立つ特徴を活かした、お茶屋ならではの味で地元の女性客から人気がある。

お店から一言

カフェで使う野菜なども地場産を使用してます。お茶を通して地域を盛り上げていきたいです(マネージャー・岡村さん)

食卓を彩る食器、雑貨、カトラリーなどを店内で販売

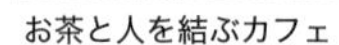

お茶と人を結ぶカフェ

おむすびセット 800円。おむすび2個、汁、小鉢2種類、玉子焼きが付く

まるよ茶屋

まるよちゃや

御前崎市 map：P79 F-5

☎0120-04-6089
※9：00～17：00
御前崎市門屋1950-2
カフェ＆テイクアウト
10：00～16：30LO
ショップ9：00～18：00
テーブル16席
水曜日 ※4の付く日、祝日は営業
P25台
スマホ決済可

季節ごとに移り変わる日本庭園と和スイーツ

「ぜいたくな空間でお茶を味わってほしい」という想いから2009年にオープン。2階茶寮は大きな窓から見える日本庭園を眺めながら、極上の日本茶とスイーツが楽しめる。茶処掛川らしいお茶を使う甘味が人気で、自家製抹茶にもこだわる。1階売店には県内や全国各地から取りそろえたお茶やお菓子も。

日本茶 きみくら 本店

掛川市 map：P78 G-3

☎0537-24-6008
掛川市板沢510-5
1階売店10：00～18：00
2階茶寮10：30～18：00
(17：30LO)
カウンター5席、テーブル22席 火曜休 ※祝日の場合は翌日休み
P14台 ※第2駐車場20台 スマホ決済可

お店から一言
お茶屋ならではのおいしい自家製抹茶スイーツをこれからも提供していきます(スタッフ・斉藤さん)

オープン時から人気のあんみつ「抹茶づくしセット」990円

お茶とともにゆったりとしたくつろぎの時間を

1番人気の濃い抹茶ソースで味わう「掛川抹茶パフェ」1330円

老舗茶店特製、お茶に合う甘味を

お茶に合う甘味でホッと一息。「お茶屋のあんみつ」は、自社工場で製茶した良質なお茶を使った特製ゼリーの風味と渋み、小豆や抹茶アイスのほのかな甘みがマッチする本格派。お茶ゼリーにお茶ソースをかけた大人味の「お茶屋のパフェ」(550円)もお試しを。手作りランチが味わえる森の息吹も併設している。

赤い急須の太田茶店

あかいきゅうすのおおたちゃてん

森町 map：P79 G-2

☎0538-84-2020
周智郡森町一宮3822
茶店9：00～16：00
喫茶10：00～15：30
食事処 森の息吹11：00～13：30
テーブル50席 火曜休(季節により無休) P25台
※喫茶は6～9月はかき氷のみで甘味は休み。食事処は金～月曜営業(要確認)で、現金払いのみ可

お店から一言
試飲やカップに入れて持ち帰りできるお茶も豊富です。茶匠、日本茶アドバイザーも在籍。お茶の事ならご相談ください(広報・深谷さん)

森の息吹で味わえる「おむすびランチBセット」550円

赤い急須が目印。緑豊かな風景に癒されて

プルプルのお茶ゼリーが入った「お茶屋のあんみつ」440円

お土産

自分へのご褒美や手土産にもぴったり。
大人から子どもまで幅広い世代に喜ばれる
とっておきのお土産品をご紹介します。

全国から注目される自然派スイーツの人気店

干し芋を40年以上製造販売する商店が、2014年に実店舗をオープン。天日干しなど昔ながらの製法で仕上げる無添加・無着色の国産サツマイモの干し芋は超高糖度で天然の甘さが味わえる。ECサイトでも全国的に有名な掛川名産の一つ。自社工場脇の小さな可愛いお店でお芋スイーツを選ぶのも楽しい。

お店から一言

干し芋や焼き芋をはじめ、ネットで大人気のスイーツをそろえています。スタッフ一同、心よりお待ちしてます(スタッフ・後藤さん)

おいもやの二代目干し芋
520円(実店舗価格)

お芋スイーツ専門店
おいもや

掛川市　map：P78 E-6

☎0537-48-4738
掛川市大渕9641
9：00〜17：00
年末年始のみ休
P10台
スマホ決済可

濃厚な味の「おいもやの芋ようかん」1本190円(実店舗価格

芋スイーツが100種類ほどそろう

浜松発・日本中で愛される塩辛の100年企業

100年を超える製造のルーツは、舞阪漁港で水揚げされたカツオ。初代社長が、捨てられたカツオの内臓を見て「もったいない」と塩辛を作ったのが始まりだ。イカの塩辛は国内産のイカ、カツオの塩辛は主に県内産のカツオを厳選。独自の製法と、安心・安全の自社加工で伝統の味を守り続ける。

お店から一言

「いかじゃん辛」760円など、塩辛が苦手な人でも楽しめるバラエティ豊かな商品を製造しています

長期熟成されたカツオの「匠味かつおの塩辛」700円

一番人気はやっぱりイカの塩辛！ご飯や酒のお供に

工場併設の直売所がある

株式会社 **源馬**
げんま

浜松市西区　map：P75 C-6

☎0120-677-021
浜松市西区舞阪町舞阪830
直売所8：30〜16：00
不定休
P3台

オリジナルの はちみつ商品がずらり

創業86年を迎えるはちみつ専門店。看板商品「二代目の蜂蜜」はあかしあとみかんの花のはちみつをブレンドしたオリジナルはちみつ。クセのない上品な甘さで後味もすっきり。ほかにもはちみつを使ったスイーツや化粧品までオリジナル商品など80種類以上が並ぶ。

サイズも多彩。「二代目の蜂蜜」830円〜

猪鼻湖のほとりにある店。中庭でミツバチ鑑賞も可能

やさしい甘みが人気。「はちみつ＆マーガリン」680円

長坂養蜂場
ながさかようほうじょう

浜松市北区　map：P75 B-3

☎053-524-1183
浜松市北区三ヶ日町下尾奈97-1
9：30〜17：30
毎週水曜、第二火曜休
P70台
PayPay可
※クレジットカードは一括払いのみ

お店から一言
はちみつの試食もできるのでお気軽に声をかけてください（ぬくもりクリエイター・黒柳さん＆豊田さん）

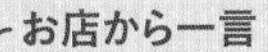

世界に認められた職人の本場 ドイツ製法技術

1972年に養豚業を始め、2008年に販売店をオープン。国際的なコンテストで金・銀メダルを受賞したソーセージ・ハムを含む、40種類以上の商品が店内に並ぶ。スパイスもドイツのものを使用。本場ドイツ製法を忠実に守り作るソーセージ・ハムを求め、県内外から多くの人が訪れている。贈り物にも人気。

お店から一言
ハム・ソーセージを40種類以上店内で販売しております。楽しく悩んでご購入いただけたら幸いです（代表・大石さん）

「ソーセージ職人のホットドック」（イートイン）550円 ※テイクアウト可

大石農場ハム工房
おおいしのうじょうはむこうぼう

掛川市　map：P78 E-6

☎0537-48-5618
掛川市沖之須451-3
10：00〜18：00
テラス10席
火曜休
P12台
PayPay可

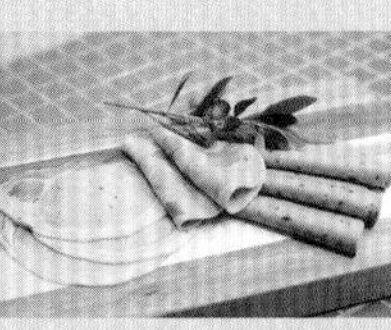
左：ロースハム630円、中央：パプリカリヨナー 500円、右：ビアシンケン540円（全て100g）

ハム・ソーセージが豊富にそろう

人気ラーメン ベスト5

リニューアルを記念し、浜松ぐるぐるマップが@S［アットエス］とコラボ！このコーナーでは、「@Sグルメ」に掲載されている静岡県内の飲食店14000軒以上の中から、スイーツ、パン、デパ地下の最新情報など、さまざまなお店を紹介していきます。第1弾は人気のラーメン店の中から、アクセスランキング上位ベスト5を紹介します。

@S［アットエス］は、静岡新聞社・静岡放送が運営するWebサイト。静岡県内ニュースからグルメ、イベント、観光情報まで、地元密着の暮らしに役立つ情報満載でお届けしています。

https://www.at-s.com/gourmet/

4位 麺屋さすけ 支店

うま味凝縮! 背油&煮干しダシ

0537-22-7017

掛川市 MAP/P78.F2

掛川市上張676-1
8:00～14:00LO
金曜休
P8台

幅広い世代から支持されている人気の背脂煮干しそばは、背脂と煮干しダシが絶妙なバランスで一度食べればクセになること間違いなし。数種類の煮干しをブレンドし、水に一晩つけてから丁寧にとったダシには濃厚なうま味がたっぷりと詰まっている。食材や調理手法を変えた限定ラーメンも登場するのでお楽しみに。

5位 麺屋さすけ 本店

サイフォンで取ったダシが決め手

0537-25-7710

掛川市 MAP/P78.F2

掛川市中央3-12-2
9:00～13:45LO
18:00～21:00LO
水曜休
P17台

各地の地鶏をブレンドした鶏100%のスープに、自家製麺を使ったこだわり抜いたラーメンを提供。地鶏醤油そば、サイフォン式極みそばなど、濃厚な鶏油を合わせ、余分な物を削ぎ落としたシンプルで上品なラーメンが味わえる。コーヒーの抽出に使われるサイフォンを使ってダシを取る独特の手法は一見の価値あり。

1位 麺's Natural メンズナチュラル

自然素材のあっさりスープ

☎070-3888-1843

浜松市中区 MAP/P72.E4

浜松市中区萩丘4-10-38
11:30～14:00
18:30～20:00
日曜11:30～15:00
※材料が無くなり次第終了
木・金曜休
P4台

厳選した自然素材と、名古屋コーチン丸鶏100%のスープを使用した無化調醤油ラーメンが看板メニュー。クセのない、シンプルであっさりとしたやさしい味わいで、麺は風味豊かな小麦粉「春よ恋」を使用した特注麺。平打ち、細麺、平打ち縮れの3種の中から好きな麺が選べる。土日限定で登場する「鶏白湯」も好評だ。

2位 ラーメン山 まさか

濃厚スープに極太麺が絡む

☎090-5823-6067

浜松市中区 MAP/P72.E5

浜松市中区十軒町238-27
11:00～14:00
17:00～21:00（麺・スープがなくなり次第終了）
不定休（休みはtwitterでお知らせ）
P5台　※周辺に有料駐車場あり

店主は和食やイタリアンの料理人を経て、東京の人気店「俺の生きる道（旧 夢を語れ東京）」でラーメンの修業を積み、2020年3月に独立。こだわりのスープと麺に大盛りの野菜、ニンニク、チャーシュー、背脂をのせた山のような本格二郎系ラーメンを提供。濃厚豚骨スープと、小麦の香りを引き出した極太の自家製麺は相性抜群。

3位 らーめん ヤマシロ

魚介が香る懐かしの中華そば

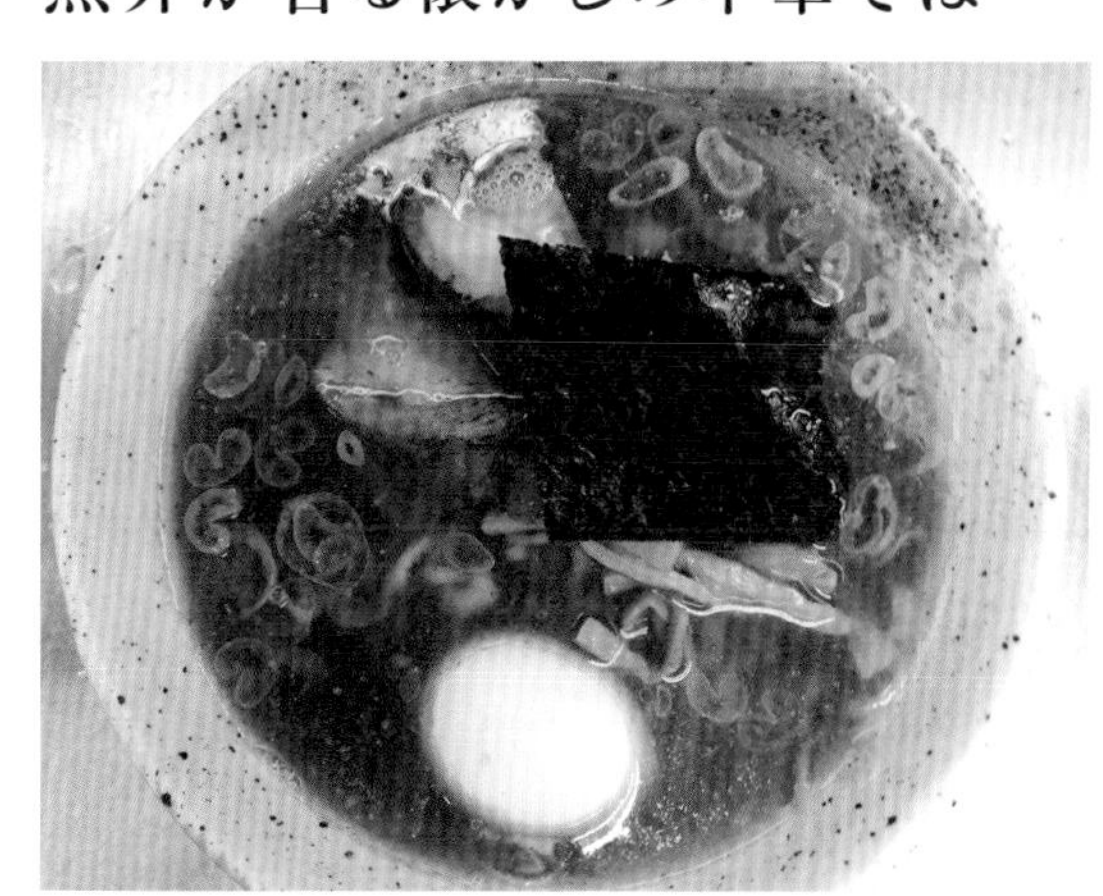

☎0538-36-1788

磐田市 MAP/P76.G2

磐田市富士見台3-1
17:30～20:30LO
月・火曜休
P10台

東京の老舗「春木屋」や魚介豚骨の雄「渡なべ」で腕をふるっていた店主が満を持して故郷の磐田で開業。サバ節や煮干しの効いたどこか懐かしい魚介端麗スープの中華そばを提供する。静岡ならではのお茶とワサビをほのかに効かせた塩そば、黒七味を使ったスパイシーな黒辛醤油そばも人気。燻し焼きした本格チャーシューもオススメ。

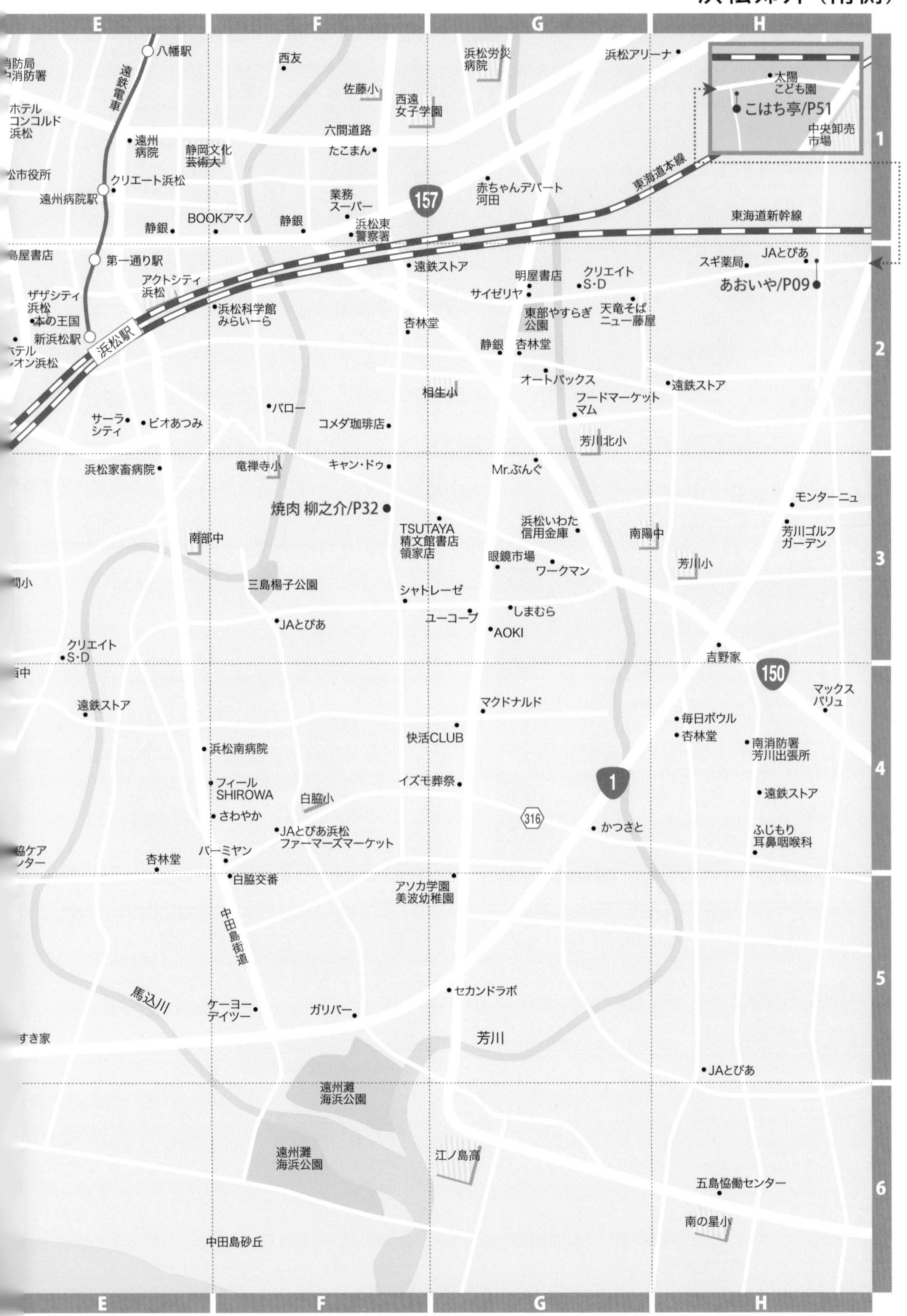

E
F
G
H
1
2
3
4
5
6
八幡駅
遠鉄電車
西友
浜松労災病院
浜松アリーナ
太陽こども園
こはち亭/P51
中央卸売市場
佐藤小
西遠女子学園
ホテルコンコルド浜松
六間道路
遠州病院
静岡文化芸術大
たこまん
クリエート浜松
遠州病院駅
157
赤ちゃんデパート河田
東海道本線
業務スーパー
浜松東警察署
静銀
BOOKアマノ
静銀
東海道新幹線
第一通り駅
遠鉄ストア
明屋書店
クリエイトS・D
スギ薬局
JAとぴあ
あおいや/P09
アクトシティ浜松
サイゼリヤ
ザザシティ浜松
本の王国
浜松科学館みらいーら
東部やすらぎ公園
天竜そばニュー藤屋
杏林堂
新浜松駅
浜松駅
静銀
杏林堂
オートバックス
遠鉄ストア
相生小
フードマーケットマム
バロー
サーラシティ
ビオあつみ
コメダ珈琲店
芳川北小
浜松家畜病院
竜禅寺小
キャン・ドゥ
Mr.ぶんぐ
焼肉 柳之介/P32
モンターニュ
TSUTAYA精文館書店領家店
浜松いわた信用金庫
南陽中
芳川ゴルフガーデン
南部中
眼鏡市場
ワークマン
芳川小
三島楊子公園
シャトレーゼ
しまむら
ユーコープ
JAとぴあ
AOKI
クリエイトS・D
吉野家
150
遠鉄ストア
マクドナルド
マックスバリュ
毎日ボウル
杏林堂
快活CLUB
南消防署芳川出張所
浜松南病院
フィールSHIROWA
イズモ葬祭
1
遠鉄ストア
白脇小
さわやか
316
かつさと
JAとぴあ浜松ファーマーズマーケット
ふじもり耳鼻咽喉科
杏林堂
バーミヤン
白脇交番
アソカ学園美波幼稚園
中田島街道
セカンドラボ
馬込川
ケーヨーデイツー
ガリバー
芳川
すき家
JAとぴあ
遠州灘海浜公園
遠州灘海浜公園
江ノ島高
五島協働センター
南の星小
中田島砂丘

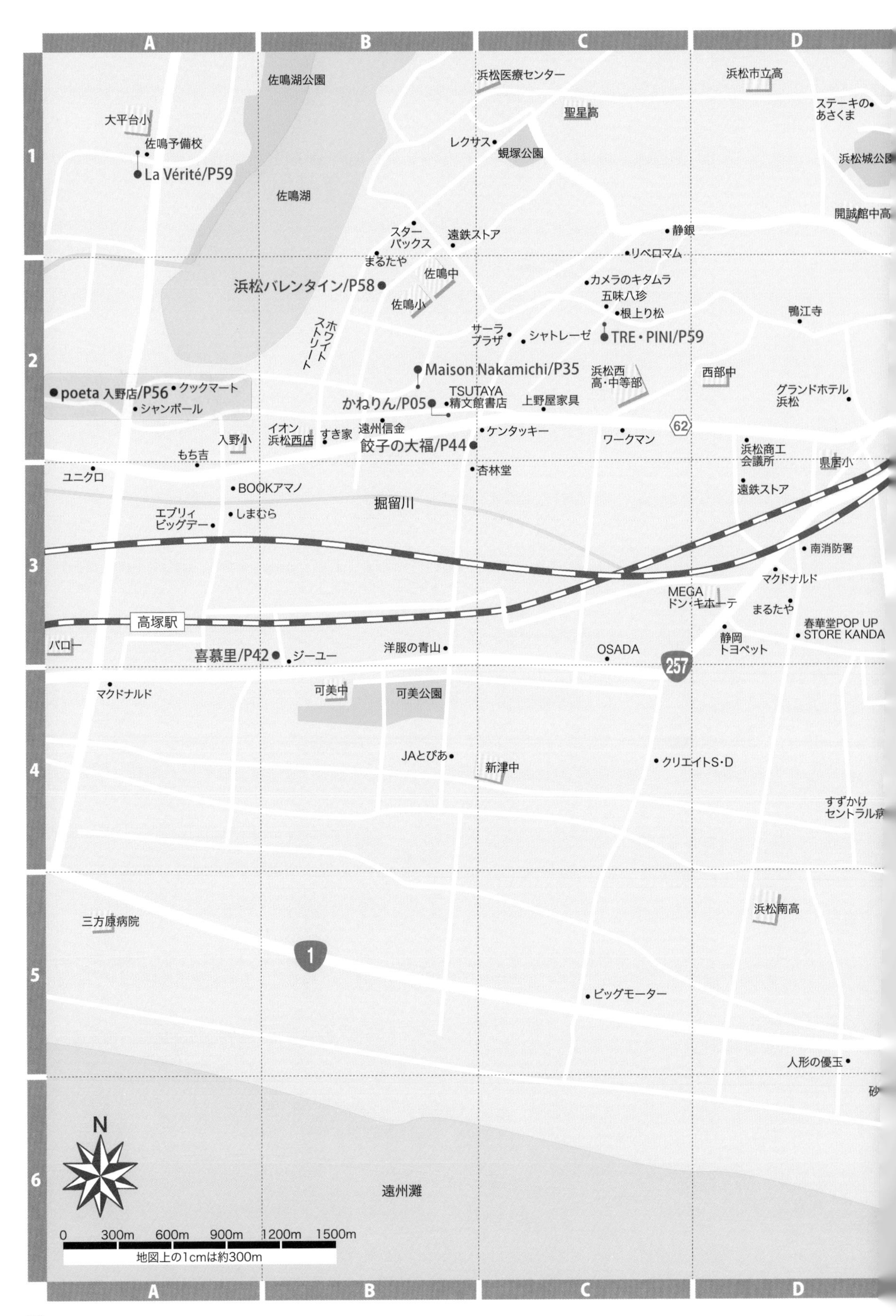
A
B
C
D
1
2
3
4
5
6
佐鳴湖公園
浜松医療センター
浜松市立高
大平台小
聖星高
ステーキの
あさくま
佐鳴予備校
レクサス
蜆塚公園
浜松城公園
La Vérité/P59
佐鳴湖
開誠館中高
スター
バックス
遠鉄ストア
静銀
まるたや
リベロマム
佐鳴中
カメラのキタムラ
浜松バレンタイン/P58
五味八珍
佐鳴小
根上り松
鴨江寺
ホワイトストリート
サーラ
プラザ
シャトレーゼ
TRE・PINI/P59
Maison Nakamichi/P35
浜松西
高・中等部
西部中
poeta 入野店/P56
クックマート
TSUTAYA
精文館書店
グランドホテル
浜松
シャンボール
かねりん/P05
上野屋家具
イオン
浜松西店
すき家
遠州信金
ケンタッキー
62
入野小
ワークマン
浜松商工
会議所
餃子の大福/P44
もち吉
県居小
杏林堂
ユニクロ
BOOKアマノ
遠鉄ストア
掘留川
エブリィ
ビッグデー
しまむら
南消防署
マクドナルド
MEGA
ドン・キホーテ
まるたや
高塚駅
春華堂POP UP
STORE KANDA
バロー
静岡
トヨペット
洋服の青山
OSADA
喜慕里/P42
ジーユー
257
マクドナルド
可美中
可美公園
JAとぴあ
新津中
クリエイトS・D
すずかけ
セントラル病
浜松南高
三方原病院
1
ビッグモーター
人形の優玉
遠州灘
N
0
300m
600m
900m
1200m
1500m
地図上の1cmは約300m

E
F
G
H
1
2
3
4
5
6
遠鉄電車
イズモホール
浜名中
スギ薬局
染地台野鳥公園
遠州小松駅
北浜南小
311
静銀
浜北警察署
五味八珍
えびすや＋/P61
遠鉄ストア
エディオン
カーテンじゅうたん王国
遠州西ヶ崎駅
サガミ
スターバックスコーヒー
笠井中
笠井小
中郡小
ナフコ
リブロス笠井
モンターニュ
浜松医科大
積志駅
中郡中
信用金庫
積志小
DAIDOCORO/P55
積志中
たこまん
浜松北病院
BOOKアマノ
ココカラファイン
餃子の砂子/P47
四季彩堂
JAとぴあファーマーズマーケット
さぎの宮駅
浜松いわた信用金庫
大瀬小
浜松東高
313
杏林堂
有玉病院
65
浜松IC
東名高速道路
麺's Natural/P69
毎日ボウル
遠鉄自動車学校
馬込川みずべの公園
自動車学校前駅
与進北小
事務キチ
ゲオ
上野屋家具
しまむら
静銀
与進中
152
261
静銀
上島駅
エブリィビッグデー
浜松市総合産業展示館
東区役所
イオンモール浜松市野
未来屋書店
まさか/P69
ガスト
45
ぶっくす三峰
上島小
クラゼミ
マックスバリュ
さわやか
遠鉄ストア
杏林堂
ステーキのあさくま
曳馬駅
つく田゛/P25
カーマ
うな竹/P09
コメダ
安間川公園
かめ/P47
静銀
浜松自動車学校
笠井街道
曳馬中
中ノ町小
バロー
とんひろ/P36
ヤマダ電機
314
浜松鑑定団
馬込川
杏林堂
丸塚中
安間川
天竜川
助信駅
コストコ
さわやか
和田小
JAとぴあ
ニトリ
296
天竜川中野町公園
天竜中
和田東小
浜松いわた信用金庫
サーラプラザ
クリエイトS・D
かどや 天竜川店/P45
柳通り
八幡中
浜松アリーナ
浜松スポーツセンター
マックスバリュ
天竜川駅
1
西友
労災病院
静銀

A
B
C
D
1
2
3
4
5
6
うな吉/P06
La Saison des Primeurs/P56
BOOKアマノ
こくりこ 大山店/P57
常葉大学
リハビリテーション
病院
305
三方原中
豊岡小
イエローハット
アミカ
たこまん
ステーキの
あさくま
65
谷島屋書店
三方原小
浜松環状線
浜松いわた
信用金庫
ワークマン
ケーヨー
デイツー
TSUTAYA
杏林堂
浜松工業高
花川小
花川運動公園
コメダ
珈琲
遠鉄ストア
姫街道
北星中
静銀
初生小
イオンタウン
本の王国
浜松西IC
Honda Cars
瑞穂小
ラフレ初生
ラフレ書店
JAとぴあ
浜名湖
グルパーク
マクドナルド
浜松市北部
水泳場
BOOKアマノ
ジャンボ
エンチョー
葵が丘小
開成中
ザ・ビッグ
257
くれたけイン
杏林堂
タイホー
静銀
西松屋
はるやま
業務スーパー
三方原
スマートIC
ジャンボ
プラス
五味八珍
イケヤ文楽館
明屋書店
カインズ
葵郵便局
エディオン
加和奈/P10
航空自衛隊浜松基地
ABC-MART
浜松市農村
環境改善センター
航空自衛隊
浜松広報館
AOKI
四ツ池公園
MEGA
ドン・キホーテ
浜松いわた
信用金庫
泉小
ゆらり/P28
西山病院
城北
工業高
高台中
364
JAとぴあ
浜松中央
警察署
和合の湯
フードマーケット
マム
聖隷浜松
病院
にこまん馬/P18
和地山
公園
舘山寺街道
浜松学院
中高
サラン/P29
富塚小
北部中
湯風景しおり
遠鉄
ストア
48
325
静岡大
鎌倉パスタ
飯島歯科
浜松
商業高
ユーコープ
とん唐てん/P37
佐鳴湖
パーク
タウン
富塚中
ぬのはし/P50
さわやか
浜松学院大学
犀ヶ崖
古戦場
佐鳴湖
公園
佐鳴湖
静岡大附属
浜松中
静岡大
附属
浜松小
遠鉄ストア
浜松勤労会館
Uホール
浜松北高
二俣街道
八幡駅
浜松医療
センター
浜松市立高
N
0
400m
800m
1200m
1600m
2000m
地図上の1cmは約400m

E
F
G
H
1
2
3
0 800m 1600m 2400m 3200m 4000m
地図上の1cmは約300m
N
新東名高速道路
299
296
浜松スマートIC
はままつ
フルーツパーク
二俣本町駅
二俣本町駅
鳥羽山公園
杏林堂
西鹿島駅
ワークマン
浜北森林
アスレチック
静銀
浜北IC
岩水寺駅
遠州
岩水寺駅
天竜浜名湖鉄道
フルーツ
パーク駅
都田駅
亀玉中
宮口駅
亀玉小
344
362
常葉
大学前駅
都田総合公園
佐鳴
予備校
遠州
芝本駅
マックスバリュ
遠江病院
カインズ
新都田市民
サービスセンター
ネッツ
トヨタ
遠鉄電車
45
常葉大学
イエロー
ハット
ワークマン
天竜川運動公園
都田川
都田南小
遠鉄
ストア
61
浜北西高
152
小林駅
谷島屋書店
とんきい/P38
JAとぴあ
浜松赤十字病院
モンターニュ
しんしん
浜名高
浜松啓陽高
石松餃子 本店/P43
318
391
美薗中央
公園駅
美薗中央公園
ケーヨー
デイツー
天竜川
都田テクノロード
JAとぴあ浜松
ファーマーズ
マーケット
nicoe
浜北総合
体育館
さわやか
プレ葉
ウォーク浜北
浜北中
Mom肉市場
遠鉄ストア
サンストリート浜北
BOOKS
えみたす
谷島屋書店
浜北小
北浜東小
なゆた
浜北
浜北駅

浜松市役所
K-mix
遠州病院
東ふれあい
公園
ホテル一見イン
中央図書館
浜松
MHビル
知久屋
馬込川
4
リッチモンド
ホテル
富久竹/P20
フィール
ピオラ
田町
宝くじの
マスミ
秀英予備校
BOOKアマノ
152
東海調理製菓
専門学校
じねん/P23
桝形/P22
神谷/P24
第一通り駅
マインシュロス
静銀
とらや/P51
楽器博物館
Dグラフォート浜松
D's タワー
アルコラッジョ
社神社
浜松いわた
信用金庫
ホテルクラウン
パレス浜松
東海道本線
ヤマハ
5
浜松郵便局
東海道新幹線
五社
公園
LaLa Curry/P17
アクトシティ浜松
三菱UFJ
銀行
ザザシティ
バス
ターミナル
本の王国
浜松科学館
みらいーら
生涯学習
センター
あつみ/P04
谷島屋書店
遠鉄
百貨店
メイ・ワン
ホテルレオン
浜松
浜松駅
新浜松駅
N
パーク
ファイブ
6
サモワァール
かじ町
プラザ
257
池田屋
ロイヤルホスト
150m 300m 450m 600m 750m
むつぎく/P46
うな炭亭/P08
地図上の1cmは約150m
佐鳴予備校
E
F
G
H

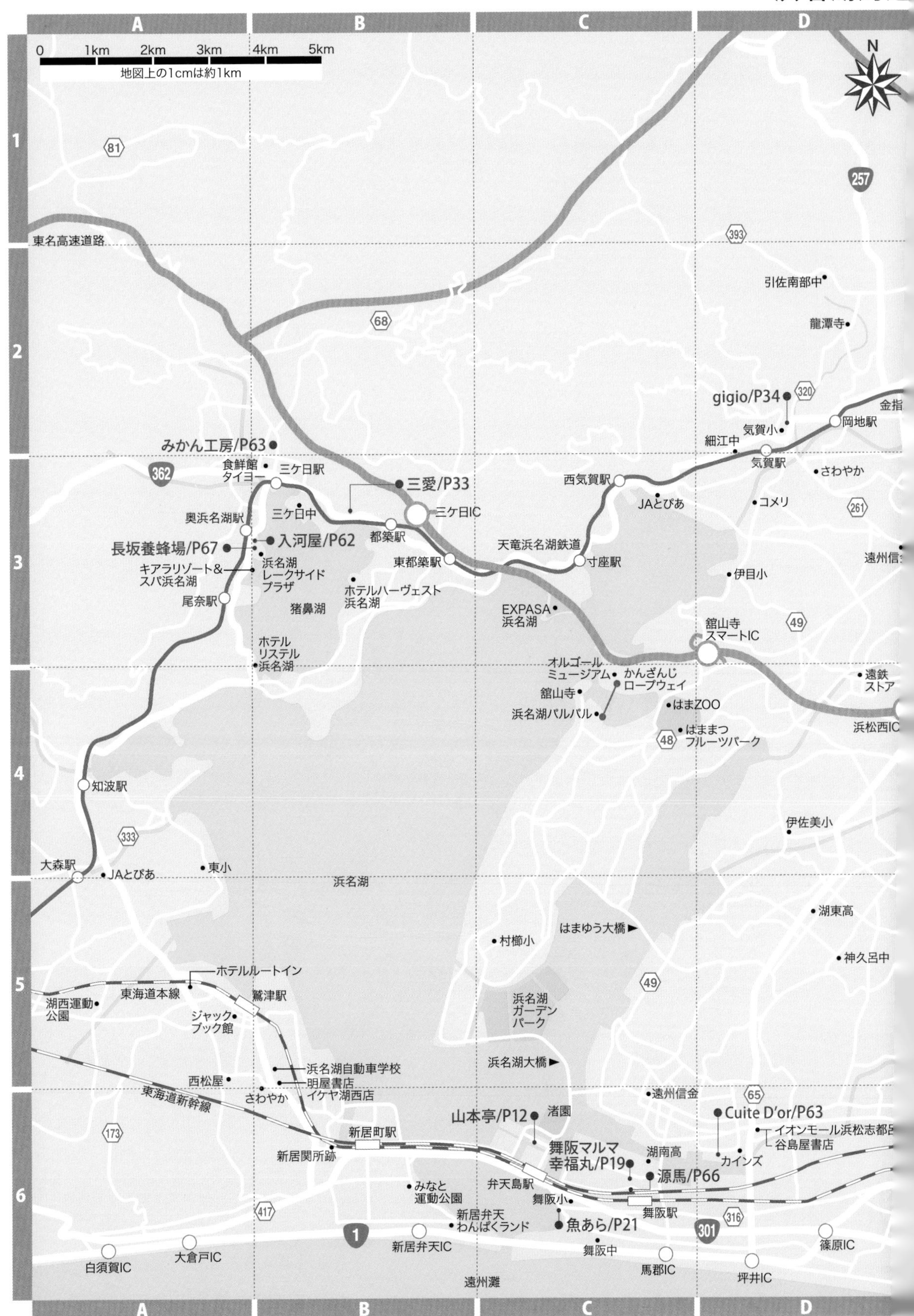
A
B
C
D
0
1km
2km
3km
4km
5km
地図上の1cmは約1km
N
1
2
3
4
5
6
東名高速道路
引佐南部中
龍潭寺
gigio/P34
気賀小
岡地駅
金指
細江中
気賀駅
さわやか
みかん工房/P63
食鮮館タイヨー
三ケ日駅
三愛/P33
三ケ日IC
西気賀駅
JAとぴあ
コメリ
三ケ日中
奥浜名湖駅
都築駅
長坂養蜂場/P67
入河屋/P62
天竜浜名湖鉄道
寸座駅
東都築駅
遠州信金
キアラリゾート&スパ浜名湖
浜名湖レークサイドプラザ
ホテルハーヴェスト浜名湖
伊目小
尾奈駅
猪鼻湖
EXPASA浜名湖
舘山寺スマートIC
ホテルリステル浜名湖
オルゴールミュージアム
かんざんじロープウェイ
遠鉄ストア
舘山寺
はまZOO
浜名湖パルパル
はままつフルーツパーク
浜松西IC
知波駅
伊佐美小
大森駅
JAとぴあ
東小
浜名湖
湖東高
はまゆう大橋
村櫛小
神久呂中
ホテルルートイン
湖西運動公園
東海道本線
鷲津駅
浜名湖ガーデンパーク
ジャックブック館
浜名湖大橋
浜名湖自動車学校
西松屋
明屋書店
イケヤ湖西店
さわやか
遠州信金
東海道新幹線
山本亭/P12
渚園
Cuite D'or/P63
新居町駅
イオンモール浜松志都呂
谷島屋書店
舞阪マルマ幸福丸/P19
湖南高
カインズ
新居関所跡
源馬/P66
弁天島駅
みなと運動公園
舞阪小
舞阪駅
新居弁天わんぱくランド
魚あら/P21
新居弁天IC
篠原IC
白須賀IC
大倉戸IC
舞阪中
馬郡IC
坪井IC
遠州灘

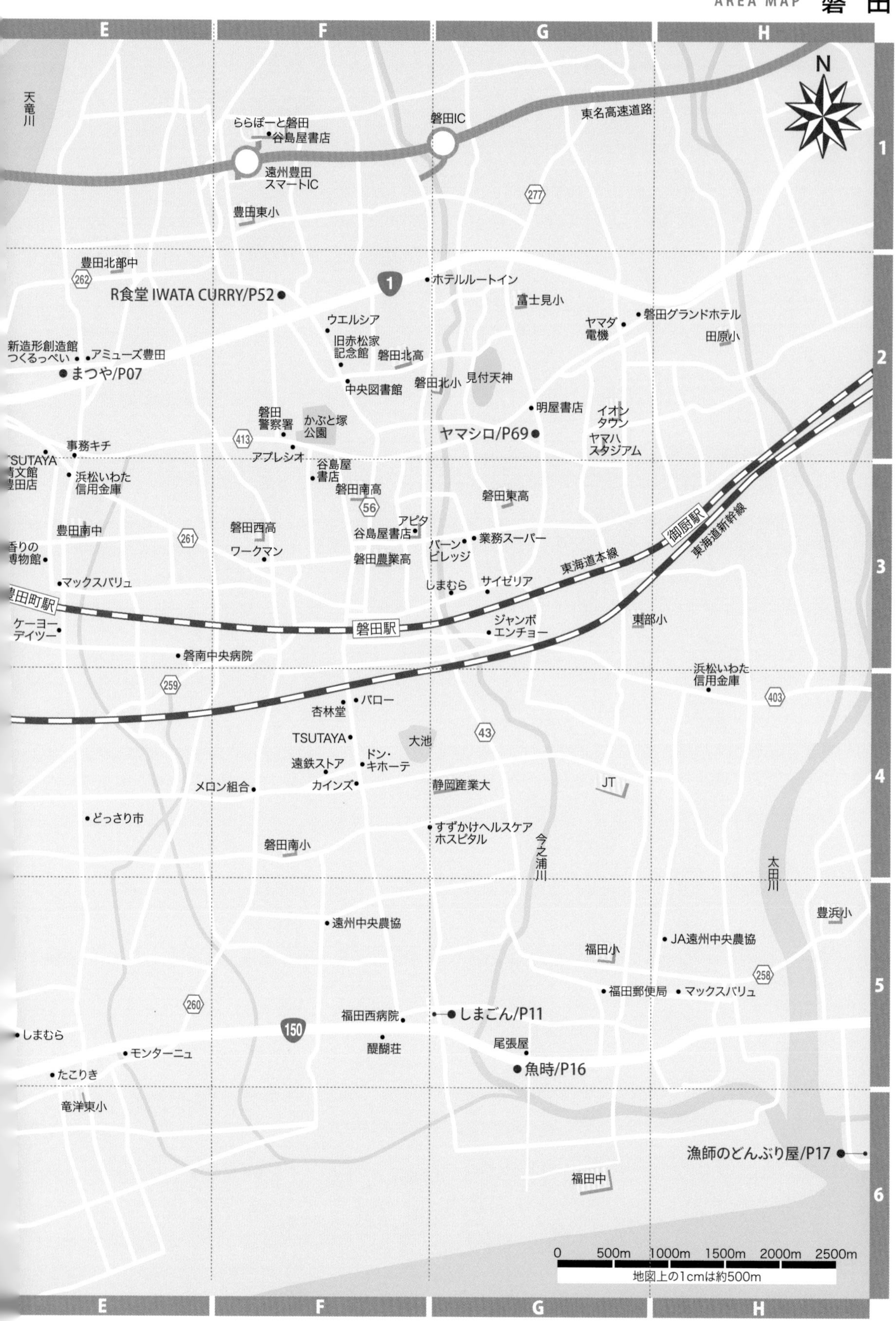

E
F
G
H
N
1
2
3
4
5
6
天竜川
ららぽーと磐田
谷島屋書店
遠州豊田スマートIC
磐田IC
東名高速道路
277
豊田東小
豊田北部中
262
R食堂 IWATA CURRY/P52
1
ホテルルートイン
富士見小
ヤマダ電機
磐田グランドホテル
田原小
ウエルシア
新造形創造館つくるっぺい
アミューズ豊田
まつや/P07
旧赤松家記念館
磐田北高
中央図書館
磐田北小
見付天神
磐田警察署
かぶと塚公園
明屋書店
イオンタウン
413
ヤマシロ/P69
ヤマハスタジアム
事務キチ
アプレシオ
TSUTAYA
浜松いわた信用金庫
谷島屋書店
磐田南高
56
磐田東高
御厨駅
東海道新幹線
アピタ
豊田南中
261
磐田西高
谷島屋書店
ワークマン
バーンビレッジ
業務スーパー
磐田農業高
東海道本線
マックスバリュ
しまむら
サイゼリア
豊田町駅
磐田駅
ジャンボエンチョー
東部小
ケーヨーデイツー
磐南中央病院
浜松いわた信用金庫
259
403
杏林堂
バロー
43
TSUTAYA
大池
遠鉄ストア
ドン・キホーテ
メロン組合
カインズ
静岡産業大
JT
どっさり市
すずかけヘルスケアホスピタル
磐田南小
今之浦川
太田川
豊浜小
遠州中央農協
福田小
JA遠州中央農協
258
福田郵便局
マックスバリュ
260
福田西病院
しまごん/P11
150
しまむら
モンターニュ
醍醐荘
尾張屋
たこりき
魚時/P16
竜洋東小
漁師のどんぶり屋/P17
福田中
0 500m 1000m 1500m 2000m 2500m
地図上の1cmは約500m

AREA MAP **袋井**

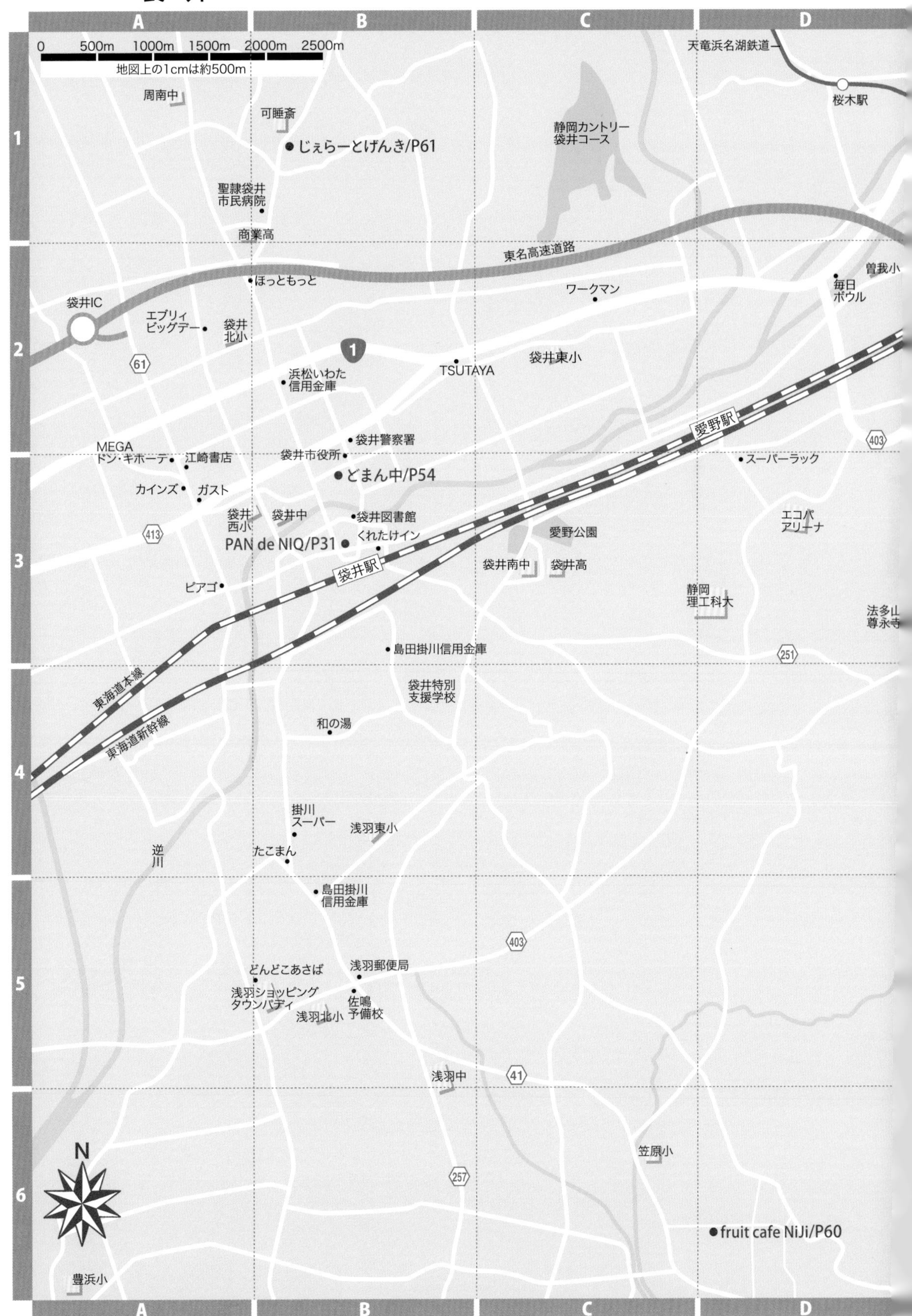

A
B
C
D
1
2
3
4
5
6
0
500m
1000m
1500m
2000m
2500m
地図上の1cmは約500m
天竜浜名湖鉄道
桜木駅
周南中
可睡斎
じぇらーとげんき/P61
静岡カントリー
袋井コース
聖隷袋井
市民病院
商業高
東名高速道路
ほっともっと
曽我小
毎日
ボウル
ワークマン
袋井IC
エブリィ
ビッグデー
袋井
北小
61
1
TSUTAYA
袋井東小
浜松いわた
信用金庫
愛野駅
403
MEGA
ドン・キホーテ
江崎書店
袋井警察署
袋井市役所
どまん中/P54
スーパーラック
カインズ
ガスト
袋井
西小
袋井中
袋井図書館
エコパ
アリーナ
413
PAN de NIQ/P31
くれたけイン
愛野公園
袋井南中
袋井高
袋井駅
ピアゴ
静岡
理工科大
法多山
尊永寺
島田掛川信用金庫
251
東海道本線
袋井特別
支援学校
東海道新幹線
和の湯
掛川
スーパー
浅羽東小
逆
川
たこまん
島田掛川
信用金庫
403
どんどこあさば
浅羽郵便局
浅羽ショッピング
タウンパディ
佐鳴
予備校
浅羽北小
浅羽中
41
N
笠原小
257
fruit cafe NiJi/P60
豊浜小

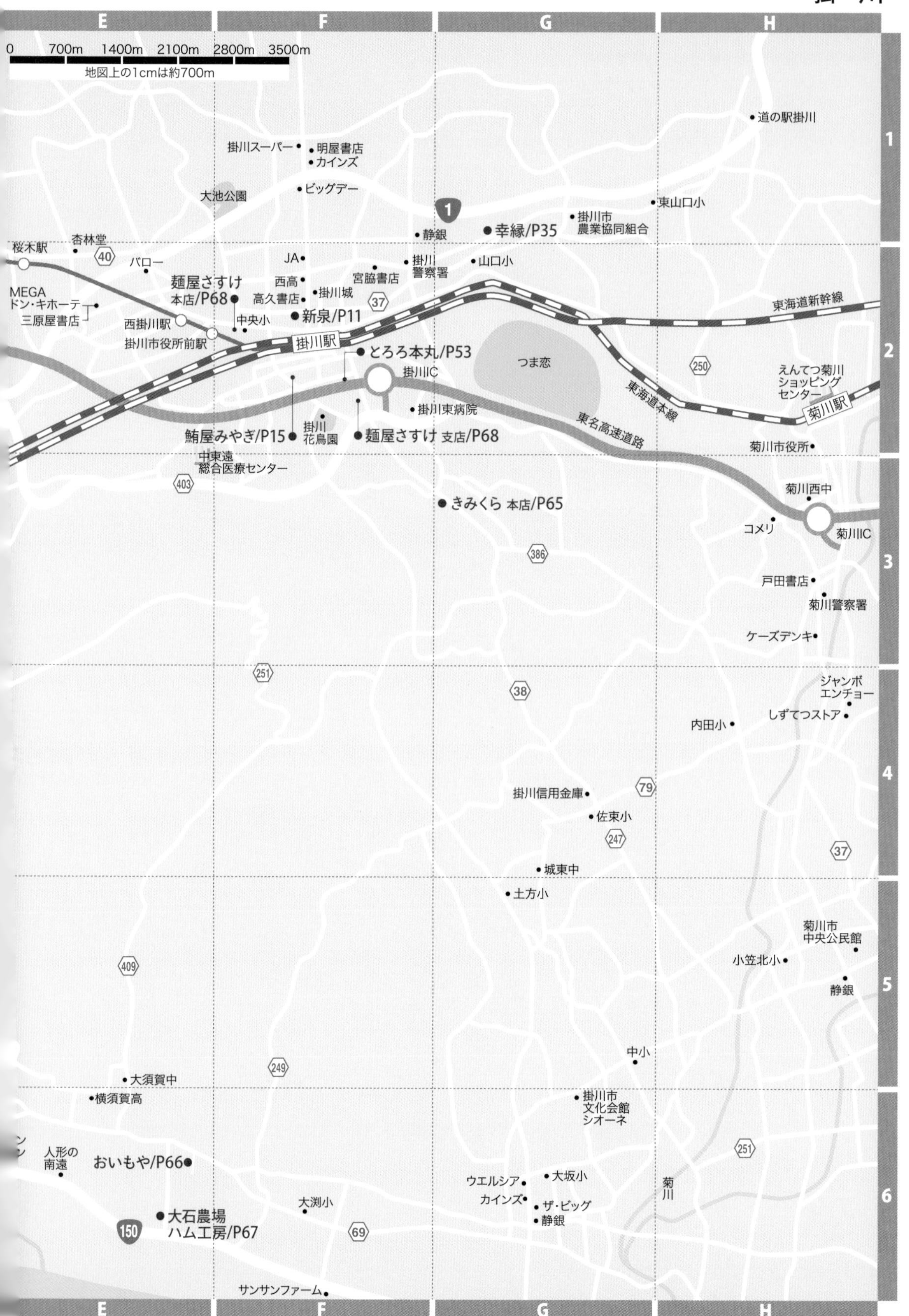
E
F
G
H
1
2
3
4
5
6
0 700m 1400m 2100m 2800m 3500m
地図上の1cmは約700m
道の駅掛川
掛川スーパー
明屋書店
カインズ
大池公園
ビッグデー
東山口小
掛川市
農業協同組合
静銀
幸縁/P35
桜木駅
杏林堂
バロー
JA
掛川
警察署
山口小
宮脇書店
MEGA
ドン・キホーテ
三原屋書店
麺屋さすけ
本店/P68
西高
高久書店
掛川城
中央小
新泉/P11
西掛川駅
掛川市役所前駅
東海道新幹線
掛川駅
とろろ本丸/P53
掛川IC
つま恋
えんてつ菊川
ショッピング
センター
東海道本線
菊川駅
掛川東病院
東名高速道路
鮪屋みやぎ/P15
掛川
花鳥園
麺屋さすけ 支店/P68
菊川市役所
中東遠
総合医療センター
菊川西中
きみくら 本店/P65
コメリ
菊川IC
戸田書店
菊川警察署
ケーズデンキ
ジャンボ
エンチョー
しずてつストア
内田小
掛川信用金庫
佐束小
城東中
土方小
菊川市
中央公民館
小笠北小
静銀
中小
大須賀中
横須賀高
掛川市
文化会館
シオーネ
人形の
南遠
おいもや/P66
ウエルシア
大坂小
カインズ
ザ・ビッグ
静銀
菊
川
大渕小
大石農場
ハム工房/P67
サンサンファーム
1
40
37
250
403
386
251
38
79
247
37
409
249
251
150
69

AREA MAP 森 町

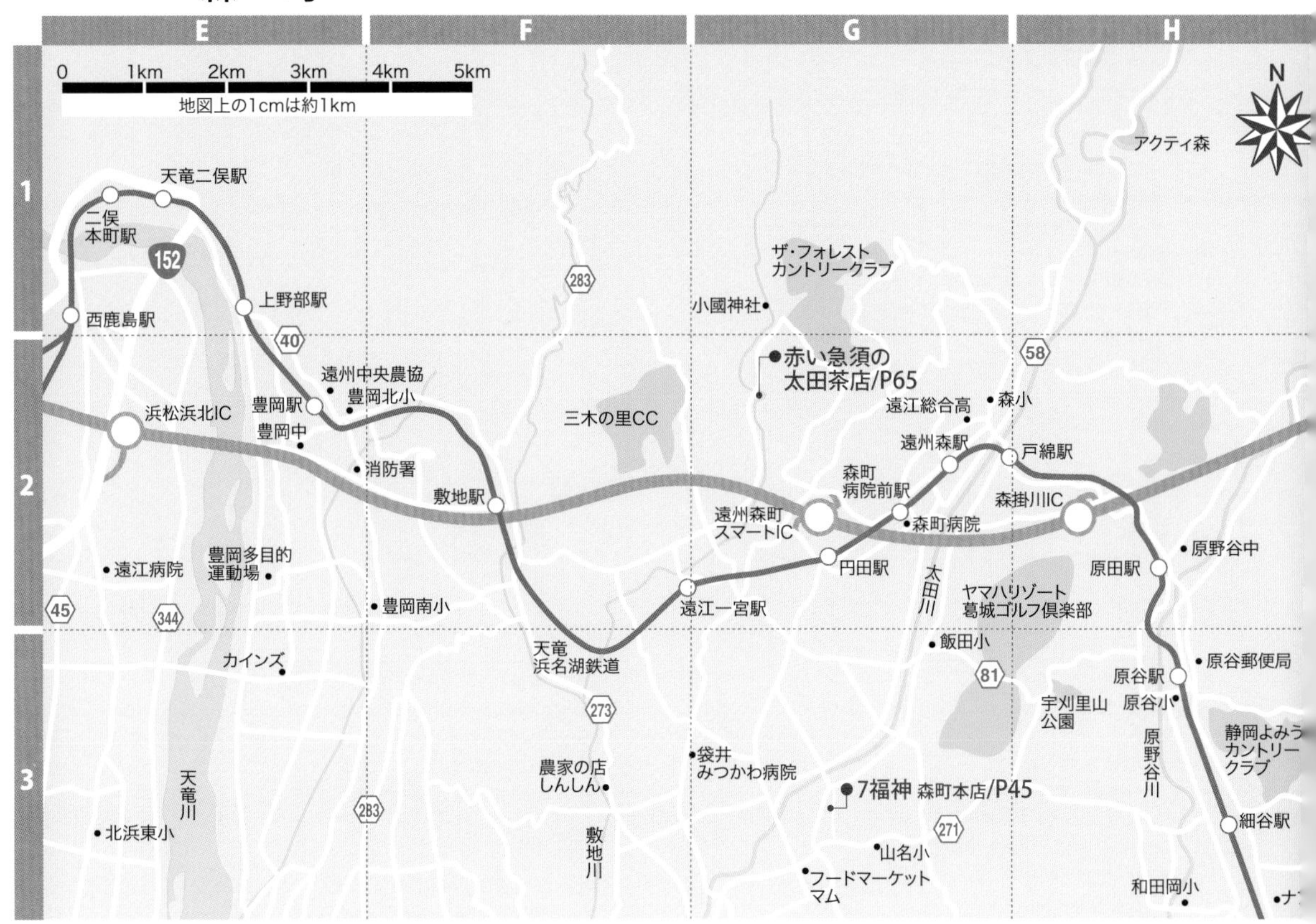

AREA MAP 御前崎

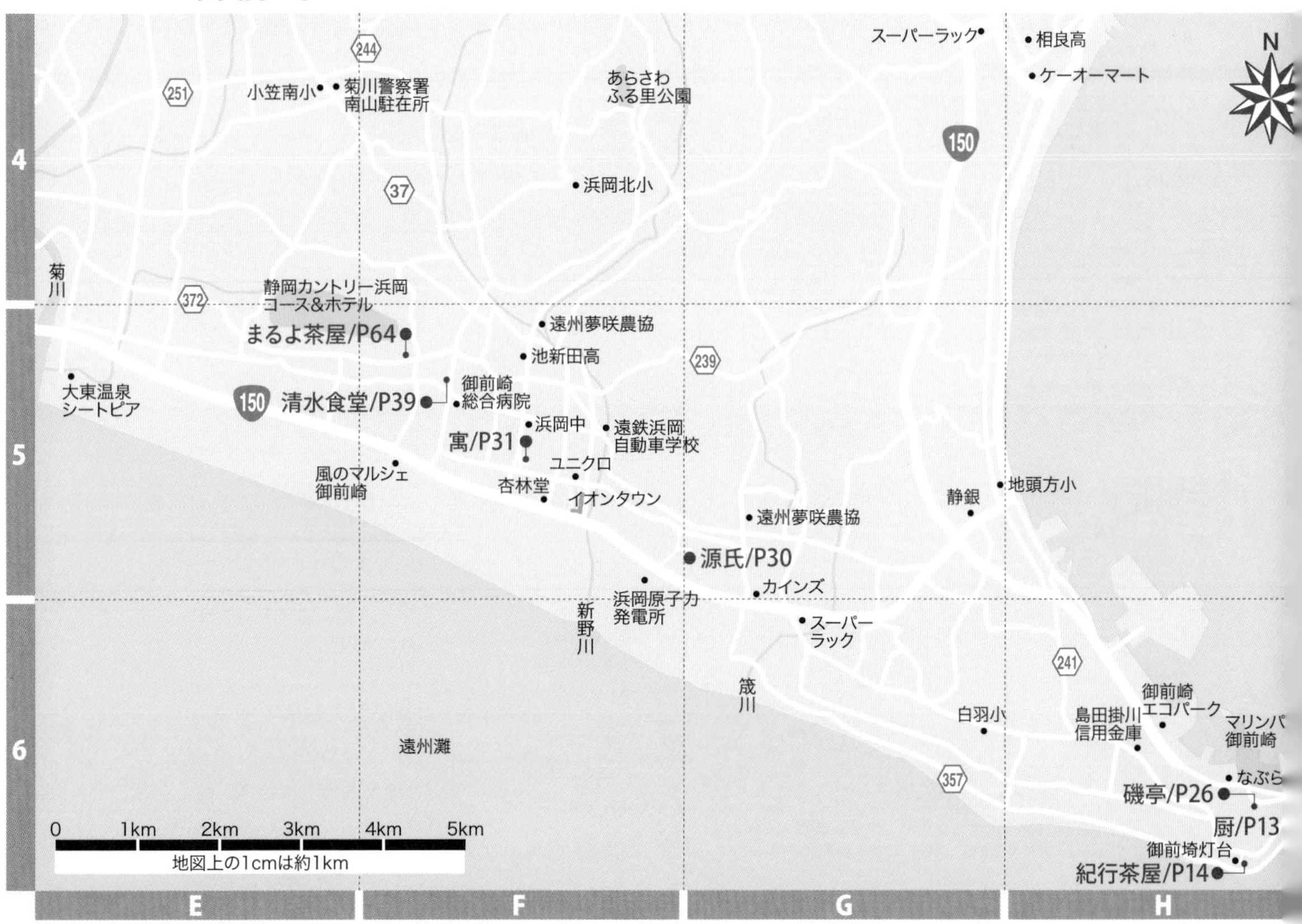

50音順 INDEX

浜松ぐるぐるマップ

97号「浜松・遠州のうまいもん。」

発行／静岡新聞社出版部
〒422-8033 静岡市駿河区登呂3-1-1 Tel.054-284-1666

企画・編集・制作／SBSプロモーション浜松支社
〒430-0927 浜松市中区旭町11-1 プレスタワー11F
Tel.053-456-0788
石塚 勉 前田 真吾 鈴木 佳奈恵

デザイン／Studio Engine Room
komada design office 駒田 幸江

取材・撮影／野寄 晴義(〆切三昧) 熊谷 雅代 堀内 穣
中村 美智子 鈴木 詩乃 松井 トオル

※税表示に関するご注意…… 本誌に掲載した価格は、2020年11月1日までの取材における消費税込価格です。

こんな情報を待ってます!

●あなたのお気に入りの店で、おすすめのメニューや自慢したい逸品
●新店舗オープン、または移転・リニューアルオープンの店
場所と推薦理由も添えてください。また、上記以外でもぐるぐるマップでまだ紹介されていない店の情報など、随時募集していますので、どしどしお寄せください。

※ハガキ、封書またはe-mailでお送りください
※諸般の事情により掲載できないこともありますのでご了承ください

■宛先／〒422-8670 静岡新聞社出版部
「浜松ぐるぐるマップ97号」係
mail guruguru@sbs-promotion.co.jp

※お送りいただいた個人情報は、当社出版の企画の参考などに利用し、その目的以外での利用はいたしません。